LE PARFAIT
GUERRIER,
OU
L'ESPRIT MILITAIRE.

Ouvrage indispensable aux Troupes de ligne & aux Gardes nationales de France, pour acquérir en très-peu de temps une instruction exacte sur l'Art de la guerre, d'après le développement profond des chapitres que cet Ouvrage renferme.

Chapitres essentiels.

De la Constitution militaire de France. De la composition des Troupes. De la levée des Troupes. De la quantité proportionnelle des Troupes d'arme différente. De la Tactique. Des armes offensives & défensives. De la Discipline. De la Subordination. Des récompenses. Des Vertus militaires. Du Courage. De l'Honneur. De l'amour de la gloire. De la Frugalité. De l'Éducation militaire. Des Officiers-généraux. Du Général d'armée. Du Ministre de la guerre. Du Souverain. De la Marine. De l'Art de la Guerre en général.

A PARIS,

Chez LAURENS Jeune, Libraire-Imprimeur, rue Saint-Jacques, N°. 37.

1792.

AVIS DE L'ÉDITEUR.

C'est à l'époque où la France semble sortir de son engourdissement, où chaque citoyen veut devenir soldat, qu'il est intéressant de donner sur l'art de la guerre des principes qui créent les vertus & les talens militaires, qui forment les soldats intrépides & les sublimes généraux, & qui enfantent des armées invincibles ; sans cet esprit militaire, l'art ne peut produire que des effets foibles & incertains.

L'erreur, les préjugés ont toujours nui aux progrès de cette science, malheureusement nécessaire. Un peu de tactique, une étude légère de la géométrie en général, voilà à quoi se réduit la première éducation militaire ; la seconde consiste dans les évolutions & le maniement des armes. Mais attaché par habitude à ces principes, on a absolument négligé les talens qui constituent le vrai militaire, & qui doivent former à la patrie des défenseurs invincibles, on a abandonné le moral pour s'occuper uniquement du physique. Ce vice, qui a perdu les Grecs & les Romains, a influé sur l'esprit du soldat, qui, en perdant son énergie, est devenu une automate, qui n'agit que par ressort. L'héroïsme s'est évanoui.

Il appartient à nos généraux de faire renaître dans l'ame du guerrier cet esprit que la nature même nous enseigne, & qui donne à l'art la force & la vie.

C'est donc en le convainquant de la connexité du physique de l'homme avec son moral, qu'on parviendra à métamorphoser des hommes en héros.

Tel est le but que s'est proposé l'auteur de cet ouvrage, qui a senti combien il étoit important de faire difparoître aux yeux de fes concitoyens ces préjugés antiques, qui ne font que des ftipendiaires & non des guerriers.

Le feul reproche qu'on ait fait à l'auteur, ou du moins l'unique qui foit venu à notre connoiffance, eft de ne s'être pas affez étendu; mais il faut obferver que le but de fon ouvrage ne l'engageoit pas à defcendre dans une difcuffion détaillée de la conftitution militaire, que fon deffein, au contraire, l'obligeoit à bien préfenter & à développer avec clarté les bafes, pour en déduire facilement les détails & les conféquences, de manière à mettre fes principes à la portée de tout le monde, & principalement des jeunes gens qui fe deftinent au métier des armes; il falloit donc rendre cet ouvrage inftructif & en même temps agréable.

L'auteur paroît avoir complétement réuffi. D'ailleurs, nous remarquerons qu'il y auroit moins de longs ouvrages, s'il y avoit plus d'ouvrages bien faits; qu'il en eft de plufieurs gros livres, comme de ces confus amas de matériaux d'architecture, qui n'occupent un grand efpace, que parce qu'ils ne forment point un édifice, & qu'enfin ce n'eft pas par le nombre plus ou moins confidérable de pages, mais par le plus ou moins de lumière, qu'il faut mefurer les productions de l'efprit.

DE L'ESPRIT MILITAIRE.

INTRODUCTION.

L'ART Militaire, fur lequel on a tant
écrit, n'a pas encore été confidéré dans
fa partie morale. Vous ne trouvez là-
deffus que des idées éparfes, rien de
fuivi, rien de développé fur ce grand
objet; tandis qu'on s'eft étendu avec
tant de prolixité fur toutes les branches
phyfiques de l'art. Cependant, fi vous
lifez avec quelque attention l'Hiftoire
Militaire des peuples; fi vous fuivez
jufques dans leur décadence ces Armées
Grecques & Romaines, devenues fi différentes d'elles-mêmes par le changement
de leurs mœurs; fi vous obfervez que ces

A

Phalanges & ces Légions, qui avoient conquis le monde, furent foulées aux pieds quand l'Esprit Militaire en eut disparu, vous le regarderez, sans doute, comme la première source de la victoire.

Je dis plus : les principes de l'art ne tarderoient pas eux-mêmes à se corrompre dans une nation où l'Esprit Militaire viendroit à s'affoiblir. Cette nation éprouveroit à la guerre des revers multipliés ; & n'osant s'avouer qu'elle a diminué de vertu, elle imputeroit ses malheurs à la fausseté de ses principes. Dans cette illusion, elle proscriroit tout ce qui se trouveroit établi, & les idées systématiques prendroient la place des vérités simples. Une fois livrée au torrent des opinions, elle ne pourroit plus s'arrêter ; les méthodes succéderoient aux méthodes, les innovations aux innovations, & la continuité des changemens attesteroit la continuité des erreurs.

Les principes de l'Art Militaire, comme ceux de tous les arts nécessaires,

ne font pas le fruit des recherches scien-
tifiques ; mais le réfultat du bon fens &
de l'expérience. Voyez le plus illuftre
des peuples guerriers. C'eft dans les
fiècles de leur groffière ignorance que
les Romains portèrent la fcience de la
guerre à fon plus haut degré de perfection. Quand les lumières de la Grèce
fe répandirent au milieu d'eux, l'Art
Militaire s'en exila. Pourquoi? C'eft que
cet art a fa bafe fur les mœurs que Rome
avoit perdues, & que la Géométrie ne
lui rendit point; c'eft que pour avoir
des guerriers, il faut commencer par
avoir des Hommes.

Depuis quarante ans la France eft
inondée de livres militaires. Quel en a
été le fruit? du tems des Turenne, des
Condé, des Créqui, du tems de notre
gloire immortelle, il n'y avoit pas en
langue françoife dix volumes fur l'Art
de la Guerre; mais la nation étoit bouil-
lante d'ardeur martiale; mais la paffion
de la gloire enivroit les cœurs; le zèle

enflammoit les efprits. Voilà les germes
des lauriers moiffonnés par nos ancêtres,
& voilà la femence que je voudrois
ranimer parmi leurs defcendans.

Je fais qu'il ne fuffit pas de préconifer
les vertus pour les faire revivre; cette
renaiffance ne peut être que l'ouvrage
du gouvernement; mais c'eft au citoyen
qui médite tandis que l'adminiftration
agit, à lui indiquer les moyens qu'elle
doit employer; & tel eft le but de mon
travail. Qu'elle veuille! & j'ofe croire
que mes penfées ne feront pas entièrement infructueufes.

Les hommes, dit le philofophe de
Genève, font ce que le gouvernement
les fait être: Citoyens, Guerriers quand
il le veut: Populace & Canaille quand
il lui plaît.

Si cela eft vrai, c'eft fur-tout, à l'égard
des François, le peuple de la terre le plus
flexible; c'eft particulièrement envers
cette claffe d'hommes que le Prince
tient continuellement fous fa main, &

sur lesquels il agit par le double mobile des loix civiles & des loix militaires.

Notre jeune Souverain, dès l'aurore de son regne, a mérité qu'on lui donnât, par anticipation, le titre de restaurateur des mœurs. Mais s'il est difficile, peut-être, dans l'espace d'une vie humaine, de régénérer toute la masse d'un peuple, il ne faudroit que peu de tems à un gouvernement éclairé pour opérer cette régénération dans l'Etat Militaire; & ce bien, lui seul, éterniseroit le regne qui l'auroit produit.

Il s'ensuit de ces réflexions que la matière que je vais traiter est aussi importante qu'elle est neuve; trop supé-rieure, peut-être, à mes foibles talens; mais dussé-je rester au-dessous de mon sujet, je m'applaudirai, si je parviens à éveiller l'attention sur lui, & à tourner de ce côté les efforts de quelque génie plus heureux.

C'est en rallumant la flamme des ver-tus guerrières qu'un Militaire citoyen

mériteroit de la patrie, bien mieux que
par toutes les découvertes qu'il pourroit faire dans fon Art. Les méthodes
& les inventions nouvelles paffent d'une
nation à l'autre, deviennent bientôt
communes à toutes, & il n'en réfulte,
au plus, qu'un avantage momentané
pour celle qui les voit naître. Mais un
peuple qu'animeroit l'Efprit Militaire
prendroit fur fes voifins un afcendant
immenfe & durable; il défieroit la fortune, & ne craindroit pas qu'un inftant
de malheur, que le hafard d'une défaite
entraînât fa deftruction.

Quelles font les fources de cet efprit?
comment & où le faire revivre? C'eft
pour développer les caufes qui agiffent
fur lui que je vais parcourir fucceffive-
ment les différentes parties de la Conftitution Militaire, obfervant dans chacune d'elles ce qui le contrarie, ce qui le
fert, & ce qui pourroit le fervir. J'avois
d'abord conçu mon fujet fous un plan plus
étendu. Je confidérois l'Efprit Militaire

non-seulement dans ses rappors avec le systême de la Guerre, mais avec le systême
politique. Après quelques réflexions,
j'ai vu que ce seroit se perdre dans les
chimères. Les changemens qu'il y auroit
à faire dans cette dernière partie, relativement à mon objet, rencontreroient
trop & de trop puissans obstacles.

Je desirerois bien que cet écrit ne
fût pas un simple objet d'amusement
pour quelques lecteurs oisifs; mais que
mes réflexions recueillies, étendues &
rectifiées par les dépositaires de l'autorité
pussent être salutaires à mon pays. C'est
pourquoi dans les vues qu'il m'arrivera
de proposer, je me rapprocherai, le
plus qu'il sera possible, des idées reçues;
je ne m'en écarterai que lorsqu'elles me
paroîtront absolument imcompatibles
avec le bien.

C'est dans la même intention de me
rendre utile que j'oserai dire la vérité:
non en frondeur effréné, ni en satyrique
odieux; mais en homme libre & en bon

citoyen; & pour parler suivant ce double
caractère, sous le regne ou nous vivons,
je ne crois pas même avoir besoin de
courage.

CHAPITRE I.

De la Constitution Militaire en général.

Tandis que le Génie des peuples modernes s'est élevé à la hauteur ou au-dessus du Génie des anciens en beaucoup de genres, il est une science, la plus importante de toutes, dans laquelle nous sommes restés trop au-dessous d'eux : c'est la science du gouvernement. Au lieu de la simplicité, de l'harmonie qui caractérisent leurs législations, les nôtres n'offrent qu'un assemblage confus de parties incohérentes. la Constitution Militaire, politique & religieuse, qui, dans l'antiquité, unies étroitement, se prêtoient une force mutuelle & concourroient au même but, forment parmi nous trois systèmes séparés, dont chacun est sans analogie avec les deux autres (1).

---

(1) On reproche à nos administrations de manquer d'ensemble. Mais comment cet ensemble pourroit-il

Voilà, au milieu de mille inconvéniens funestes, mais étrangers à mon sujet, la principale cause de la foiblesse de nos Constitutions Militaires. Privés de l'appui de la politique & de la religion, & quelquefois même, contrariés par leur influence, elles ne peuvent qu'être fort inférieures à celles des anciens, lesquelles secondées par l'un & l'autre de ces ressorts, en reçurent une énergie étonnante & devinrent une source féconde d'héroïsme.

Mais indépendamment de ce vice général de nos Constitutions Militaires, il est pour quelques-unes des causes particulières d'imperfection. C'est leur dépendance de la volonté des Ministres; c'est le renouvellement fréquent de ces Régisseurs, dont chacun ayant pour première maxime de prendre une route contraire à celle de son prédécesseur, ajoute aux erreurs involontaires toutes

_____

régner dans le jeu de la machine, tandis qu'il n'existe point dans son organisation,

celles que doit produire une pareille
difpofition d'efprit.

Les fuites funeftes qui réfultent de ce
Régime font fenties trop univerfellement pour qu'il foit befoin de les développer. Le mépris des Loix Militaires
qu'on voit fans ceffe contredites les
unes par les autres; l'ignorance des
troupes qui n'ont le tems de s'affermir
dans aucune méthode; leur dégoût, leur
mécontentement, & ces épidémies fi
fréquentes de défertion; voilà une partie
des maux qu'enfante l'abus d'abandonner
à un Secretaire d'Etat la Légiflation
de la Guerre.

Tous les fpéculateurs paroiffent d'accord fur la néceffité de charger de
cette Légiflation un corps permanent;
mais ils different fur fa compofition.
On trouve à cet égard dans les Mémoires pulbiés fous le nom de M. le
Comte de St. Germain, un plan que
fa publicité & le nom de l'Auteur m'invitent à confidérer un inftant avant
d'expofer mes vues fur le même objet.

Commençons par déterminer le but d'un Conseil de Guerre Législatif. La sagesse & la stabilité des Loix Militaires. Voilà, sans doute, la double fin de cet établissement.

Le premier avantage ne sauroit résulter du plan de Composition offert par M. de S. Germain ; & voici sur quoi je me fonde.

Dans cette hypothèse, le Tribunal Législatif seroit, presque uniquement composé de Maréchaux de Camp. Or, ces Officiers, la plupart jeunes encore & récemment sortis du grade de Colonel, & du cercle étroit des détails d'un Régiment, porteront-ils dans l'examen de la Constitution ce coup d'œil sage & profond qui convient à des Législateurs; & ne donneront-ils pas trop d'attention & d'importance aux objets subalternes, tandis qu'ils négligeront les parties essentielles, & le grand de l'ensemble ?

D'ailleurs, peu ou nullement expérimentés dans la guerre, qui, seule éprouve & rectifie les connoiſſances, quelques lumières qu'on leur ſuppoſe, ne ſeront-ils pas dominés par leurs préventions? ne prendront-ils pas ſouvent les phantômes de la vérité pour elle-même? car, s'il exiſte une ſcience où la théorie dénuée de pratique conduiſe à de faux réſultats, c'eſt inconteſtablement la ſcience de la guerre.

Ajoutez qu'il ſeroit trop à craindre qu'un Corps formé d'Officiers Généraux, encore à l'entrée de la carrière, & qui, pour s'y avancer, ont beſoin de la faveur des Miniſtres, ne fût entièrement ſoumis à leur influence.

Pour obtenir le ſecond avantage, je veux dire la ſtabilité des loix, il eſt évidemment néceſſaire que les Membres de ce corps ſoient invariables. Mais ils ne le ſeront pas, ſi, comme M. de S. Germain, on les compoſe des mêmes Officiers qui doivent être employés à la Guerre. Alors avec d'autres hommes, s'introduiront d'autres maximes. Cette

vanité qui porte un nouveau Miniſtre à
ſubſtituer ſes idées à celles de ſon prédéceſſeur, excitera les nouveaux Membres du Conſeil Légiſlatif, à détruire
l'édifice de leurs devanciers pour établir
le leur à la place, & la même inconſ-
tance régnera dans la Conſtitution.

Pour prévenir cet inconvénient, ſuſ-
pendra-t-on les aſſemblées du Tribunal
de Légiſlation pendant la Guerre, ou
ſeulement durant chaque campagne ?
Comme il faut une autorité légiſlative
toujours ſubſiſtante, ce ſera, alors, le
Miniſtre de la Guerre qui fera les loix
nouvelles, néceſſitées par les circonſtances; qui interprêtera les anciennes;
& voilà encore la carrière ouverte aux
changemens. Il y a plus, ſi pendant ces
intervalles le Secrétaire d'Etat de la
Guerre remplit les fonctions de Légiſlateur, ne ſera-ce point lui donner la tenta-
tion & les moyens de ſe les approprier ?

Ainſi, tant par cette raiſon que par
celles précédemment déduites, il eſt aiſé

de prévoir qu'un Conseil de Guerre composé de cette sorte, n'atteignant point les vues de sa création, son inutilité, jointe à sa dépense, le feroit bientôt supprimer; laissant dans les esprits la prévention malheureuse & fausse que les maux qui tourmentent notre Constitution Militaire font incurables, & qu'il est inutile d'en chercher le remède.

Cependant ce remède existe. Le corps que cette Constitution demande est tout formé; il en fait déjà partie, & paroît devoir en être le fondement & le soutien. Je m'explique.

Il est parmi nous un corps auguste, composé de Chefs suprêmes de l'Etat Militaire, la plupart desquels ont blanchi dans le commandement des troupes, & dont plusieurs ont prouvé leurs connoissances & leur capacité par des victoires: corps de tout tems illustré par des grands hommes; où trop souvent, il est vrai, la faveur, qui corrompt tout dans notre Gouvernement, porta des perfonnages médiocres, mais auquel tout mérite militaire tranfcendant vient communément aboutir. On voit que je parle du Tribunal des Maréchaux de France. C'eft ce Sénat guerrier, chargé déjà du dépôt de l'honneur national, c'eft lui que la raifon nous indique pour inftituteur & pour confervateur des Loix Militaires.

Que lui manque-t-il de ce que peut exiger cette importante deftination? Les talens, les lumières, fur-tout celles de la pratique, la vénération, la confiance du Soldat & du Citoyen : il a tout, & pour rendre des loix fages, & pour leur imprimer un caractère refpectable. Mais, par oppofition, il n'a aucun des inconvéniens que je viens d'obferver dans le Confeil de Guerre prépofé par M. de S. Germain.

D'abord, comme la Guerre occupe rarement plus d'un ou deux Maréchaux à la fois, elle ne produira ni interruption dans les fonctions du Corps Légiflatif,

ni

ni interruption dans les fonctions du Corps Légiflatif, ni changement dans la compofition de fes Membres. Un efprit conftamment uniforme en dirigera donc toujours les opérations.

En fecond lieu, de qui pourroit-on mieux fe promettre l'étendue des vues dans l'Art Militaire, que de la part de ceux qui ont conduit les Armées? Et de quels hommes doit-on attendre les règles, les principes, les méthodes les plus propres pour la Guerre, fi ce n'eft de ceux-là mêmes qui l'ont faite pendant toute leur vie?

Troifièmement, un Corps compofé de tout ce que l'Etat Militaire a de plus éclatant en réputation & en dignités, un Corps lié à la fois à la Conftitution Militaire & Politique, &, pour ainfi dire, aux fondemens de l'Etat, peut feul maintenir fon exiftence contre les caprices, les erreurs & les paffions des Miniftres, garantir la durée de fes travaux & la ftabilité de la Conftitution.

B

Enfin, le caractère de Législateur, annexé à la dignité de Maréchal de France, sera pour le Souverain, un motif de plus de ne conférer qu'au mérite éminent ce suprême grade de la Guerre. Ces Chefs du Militaire eux-mêmes trouveront dans leurs nouvelles occupations, une occasion continuelle d'entretenir & de perfectionner leurs talens & leurs connoissances ; & au lieu d'être réduits à l'inaction ou à une re-présentation futile, du moment qu'ils sont parvenus à ce faîte des honneurs guerriers, ils seront alors plus que ja-mais précieux à la Patrie.

Il vient pour tous les hommes, un âge qui ne permet plus de soutenir les fatigues de la Guerre. C'est alors qu'une sage politique doit rendre utiles dans les conseils, le génie & l'expérience qui ne sont plus propres à l'exécution. Le grand art du Gouvernement est de mettre les hommes à leur place, & de savoir tirer parti de tous. Mais c'est le

renverfement de l'ordre, quand ceux que
l'Etat paie, récompenfe le plus, & qui
pourroient mieux le fervir, font dévoués à l'inutilité.

Suppofons le Tribunal des Maréchaux compofé comme il l'a été, à diverfes époques, comptant à la fois,
parmi fes Membres, un Turenne, un
Créqui, un Luxembourg, &c., ou bien
un Catinat, un Vauban, un Villars, &c.
quels plus dignes Légiflateurs Militaires!
Aujourd'hui encore n'eft-ce point dans
ce Corps augufte, plus que par-tout
ailleurs, que fe trouvent les talens vaftes,
les lumières sûres, le génie du grand &
du vrai? J'ajouterai une dernière réflexion; fi, lorfque le Tribunal aura
befoin de fe réparer, fi, dans les pro-
motions futures, ce funefte génie qui
perd tout parmi nous, la faveur ne dicte
point les choix, fi la fageffe feule y
préfide, qui pourroit nier qu'alors, fur-
tout, cette Compagnie ne raffemble les
hommes de la nation les plus capables

B ij

de coopérer à une Légiſlation Militaire ?

Enfin, je propoſerai de joindre à MM. les Maréchaux de France, pour les connoiſſances de détail, quelques Officiers Généraux Inſpecteurs, avec voix conſultative ſeulement ; & je croirai qu'alors il ne reſtera rien à deſirer pour la parfaite compoſition de ce Corps Légiſlatif.

Comme il n'eſt pas de la nature de cet Ouvrage d'entrer dans les détails, je n'établirai rien ſur l'organiſation inrieure du conſeil de Légiſlation Militaire, ſur le lieu, les époques de ſes aſſemblées, la forme & l'ordre de ſon travail, &c. La ſageſſe du Gouvernement réglera ces différens acceſſoires.

C'eſt à la Nation, c'eſt au Souverain que j'offre ce projet ; c'eſt au Miniſtre de la Guerre lui-même, dont l'ame élevée & vertueuſe doit préférer au ſurcroît d'une autorité paſſagère, la gloire de vivre à jamais dans nos annales

militaires, en contribuant à l'établissement le plus salutaire à la France, le
plus indispensable pour elle, celui, peut-
être, sur lequel reposent sa durée & sa
grandeur. Car comment consolider &
perfectionner jamais notre Constitution
Militaire, tant que son sort sera lié à
toutes les révolutions de Cour, dépen-
dant de tous les mauvais choix? exposé
aux caprices de tout nouveau venu. Or,
si elle réclame un Corps Législatif qui la
préside, qui la dirige, qui la soutienne
& la rendre immuable, quel autre Corps
que celui que je viens d'indiquer, réunira
tout ce qui est nécessaire pour remplir
ces divers objets?

CHAPITRE II.

De la Composition des Troupes.

Aprés avoir considéré la Constitution Militaire en général, & donné
une base à cet édifice, fondé jusqu'ici
sur l'onde mobile, je vais examiner
successivement chacune de ses parties;
& je commence par la Composition
des Troupes.

L'Europe est couverte de Soldats;
presque tous ses Gouvernemens sont
Militaires; & je n'y vois point de
Peuple guerrier. La sûreté des nations
est confiée à un ramas de vagabonds,
d'étrangers, de transfuges, à la lie des
hommes. Comment un bon esprit pourroit-il naître d'un pareil assemblage?

Je ne dirai point aux peuples de
l'Europe chez qui la mollesse a fait
trop de progrès, & livrés à une infi-

nité de profeſſions créées par le luxe,
l'oiſiveté, le charlataniſme, par les
fauſſes vues des Légiſlateurs, & l'avidité
des Gouvernemens, je ne dirai point
à des peuples ſemblables de ſe charger
eux-mêmes de leur défenſe. Je ne propoſerai pas non plus aux Souverains
d'uſer du pouvoir ſuprême dont ils ſont
dépoſitaires, pour refondre toutes nos
inſtitutions, pour changer nos loix &
nos mœurs, ſans égard aux plaintes
& aux murmures de leurs efféminés
contemporains. L'exemple du divin
Licurgue ne ſera ſans doute jamais
imité.

Mais, ſans tout renverſer, pour
tout reconſtruire, ſans chercher à
rendre Spartiates les bourgeois de ce
temps, ne ſeroit-il pas poſſible de
compoſer moins indignement la claſſe
ſi intéreſſante à qui l'Etat a remis le
dépôt de ſes deſtinées?

Pourquoi des hommes qui ſeroient
dédaignés de toutes les profeſſions hon-

nêtes, font-ils admis dans celle où l'honneur doit régner plus que dans aucune? Pourquoi le plus vil des humains, pourvu que fa taille paſſe cinq pieds, eſt-il jugé toujours aſſez bon pour être mis au rang des Défenſeurs de l'Etat? Pourquoi, enfin, une profeſſion ſi noble eſt-elle aujourd'hui le réceptacle du rebut des peuples?

On ſe flatte, peut-être, d'effacer par la force de la diſcipline le vice de cette compoſition. Erreur groſſière, trop démentie par l'expérience de nos jours (1) & par celle de tous les

_____

(1) Je citerai à ce ſujet un fait aſſez récent. Monſieur de.···, Officier plein de zèle, mais à qui l'on reproche une dureté que je crois une erreur de ſes principes, plutôt qu'un vice de ſon caractère; cet Officier croyant qu'à force de coups il n'eſt pas de mauvais ſujet qu'on ne puiſſe corriger, recruta le Régiment de····, dont il étoit Colonel en ſecond, de tous les garnemens chaſſés des autres Corps. Il uſa libéralement à leur égard des moyens qu'il croyoit ſi efficaces. Mais bien loin que le ſuccès répondît à ſon attente, ce Régiment devint, tout-à-coup, par les excès & les brigandages de

fiècles. On fait combien étoit févère
la difcipline des Troupes Romaines.
Et cependant l'Efprit Militaire y dé-
clina fenfiblement, & Rome fut en-
traînée vers fa ruine, du moment que

ces noûveaux Soldats, & peut-être par les crimes
des anciens, corrompus par l'exemple, l'épouvante,
le fléau des citoyens. Sans doute l'excellent efprit,
qui toujours regna dans ce Corps, a repris aujour-
d'hui le deffus. Mais cela n'a pu être que par l'ex-
pulfion de ce vil ramas qu'on y avoit fi imprudem-
ment introduit.

P. S. J'entends dire qu'on va *réhabiliter* les Ga-
lériens déferteurs & les recevoir dans nos Régimens.
Je n'en crois rien. Il fe peut que des faifeurs de
projets foient affez infenfés pour propofer celui-là :
mais non que des hommes qui gouvernent, aient
affez peu de fageffe pour l'adopter. *Réhabiliter* des
hommes auffi authentiquement & auffi légitimement
flétris! Eh! toute la puiffance des Rois en eft-elle
capable? Obfervez qu'en imprimant cette tache au
Militaire François, loin d'augmenter le nombre de
nos foldats, on le diminuerait. Ces malheureux ne
tiendroient jamais & entraîneroient une quantité
d'hommes, qui, fans cette féduction, euffent toujours
été fidèles. Eh, bon Dieu! qu'elle idée! recruter aux
galères! comme fi le Royaume eut été depeuplé par
la pefte; Encore même, alors, faudrait-il balancer.

Marius eut armé des Gladiateurs & des Esclaves. Vaincu avec cette Armée infame, abandonné d'elle, fugitif, errant & prêt à périr de misère sur les débris de Carthage, il expia justement le crime qu'il avoit commis envers ses concitoyens en leur donnant ce funeste exemple.

Mais comment nos Gouvenemens, me dira - t - on, pourroient - ils recruter leur Etat Militaire de deux à trois cent mille hommes, s'ils se rendoient difficiles sur le choix? Eh! pourquoi, demanderai-je, à mon tour, un Etat Militaire si prodigieux? Voilà précisément l'abus insensé qui nous force de composer nos troupes de la fange des nations. Les Romains avec cent mille Soldats tenoient l'univers sous l'obéissance. Leurs corps d'Armée, pour l'ordinaire, n'étoient que de vingt-quatre mille hommes. Les Grecs avec trente mille, entreprirent & consommèrent la conquête de l'Asie. Ces

peuples auroient pu, bien plus aifément
que nous, manœuvrer des grandes Armées avec leur ordre profond ; ils ont
laiffé conftamment à leurs ennemis cette
reffource de l'ignorance & de la lâcheté , & qui les entretient l'une &
l'autre.

J'aurai occafion de développer ailleurs les conféquences funeftes de cette
manie moderne. Je me bornerai dans ce
moment, à obferver que, pour obtenir
une bonne compofition de troupes, il
faudroit commencer par en diminuer le
nombre. En fecond lieu, il faudroit les
payer ; car tant que l'état de Soldat fera
le plus pauvre de tous, en même-tems
qu'il eft le plus dur, il ne s'y préfentera
que des hommes qui, par leur indi-
gnité ou leur ineptie, feront exclus
de toute autre profeffion. Il faudroit
enfin retenir les anciens Soldats par
des récompenfes, par une progreffion de bien - être. On a fait une
faute de fupprimer la haute-paie des

rengagés (1). Dépenſer ainſi , c'eſt
économiſer; parce qu'un homme dont
la fidélité , le courage & le tempérament ſont éprouvés , en vaut pour le
moins deux autres.

Si , une fois, l'état de Soldat préſentoit
aſſez d'appas aux gens du peuple pour
exciter le deſir général d'y être admis,
alors on pourroit faire des choix , alors
on n'y recevroit pas indiſtinctement,
comme aujourd'hui , quiconque ſe pré-
ſente , ſans la moindre information , ſans
le moindre certificat. N'eſt-il pas auſſi
déshonorant pour la profeſſion Militaire, que dangereux pour le citoyen,
qu'un brigand, un aſſaſſin, puiſſent, quand
il leur plaît , ſe revêtir de l'uniforme?

_____

(1) En la retrachant aux Soldats retirés , il falloit la continuer à ceux qui reſtoient ſous les drapeaux , pour les y fixer ; & en aboliſſant la haute-paie
progreſſive , du moins , devoit-on rendre le ſou
d'augmentation aux Appointés.

P. S. Depuis la première édition de cet Ouvrage,
le vœu de l'Auteur, quant à l'augmentation de ſolde
des Appointés, a été rempli. Note de l'Editeur.

Parmi les espèces viles à qui devroit
être interdit l'honneur de servir l'Etat,
je comprends les gens de livrée. Je sais
qu'il est peu de ces hommes amolis &
lâches, qui soient tentés de se charger
du havresac & du mousquet, & qu'ainsi
la loi qui leur donneroit l'exclusion peut
paroître superflue. Mais elle seroit utile
par l'effet d'opinion qu'elle produiroit.
Premièrement, elle éléveroit le Soldat
à ses propres yeux, & lui apprendroit
à s'estimer bien plus que ces valets &
ces laquais auxquels maintenant il se fait
l'affront de porter envie. En second
lieu, ce mépris répandu par le Prince
sur la livrée, balanceroit salutairement
dans l'esprit du peuple l'attrait de cette
profession oiseuse qui absorbe la portion la plus intéressante de la population, qui prive l'Agriculture & les
Armées des hommes les plus vigoureux
& les plus robustes, pour les livrer à la
corruption & à la paresse : mais aujour-
d'hui on ne sait rien faire avec l'opinion

dont les Gouvernemens anciens tiroient un fi grand parti; elle n'entre pour moyen ni dans nos loix ni dans nos mœurs; elle règne toujours néanmoins, & ne fait du mal que faute d'être dirigée : c'eft un torrent qui, fe roulant au gré du hafard, porte le ravage & la deftruction, mais dont les eaux fagement conduites, auroient fécondé & embelli la terre.

CHAPITRE III.

De la Levée des Troupes.

PRÉSERVONS-NOUS de l'aveugle manie de tout fronder ; louons ce qui eſt bien ; convenons que de toutes les manières de lever les Troupes, la meilleure eſt celle de l'enrôlement vo- lontaire, uſitée aujourd'hui dans preſ- que toute l'Europe. Des hommes qui ſe vouent librement à la profeſſion des armes doivent être diſpoſés à la bien remplir. J'aime mieux cette méthode que celle de la Ruſſie & de la Pruſſe, où l'on prend de force dans toute la population ce qui paroît le plus propre au ſervice (1). Je l'aime mieux encore

---

(1) Le préjugé, qui confond tout, conclura que cet uſage eſt excellent, puiſqu'il exiſte en Pruſſe. Mais ce n'eſt point parce que les Armées Pruſſiennes ſont compoſées d'eſclaves qu'elles ont eu des ſuccès, c'eſt parce que leur Roi les commande en perſonne,

que le moyen du fort , qui , le plus
fouvent , livre au métier des armes
celui qui y eft le moins appellé par la
nature.

C'eft pour cela que je condamne
l'inftitution de notre Milice provinciale.
Rien de plus capable , d'ailleurs , de
rendre odieufe & méprifable aux Citoyens une profeffion dont il eft fi effentiel de leur infpirer le goût & l'eftime,
que le fpectacle fcandaleux que préfente
dans nos villes & nos campagnes le
tirage du fort. Un Subdélégué d'Intendant entouré de Maréchauffée ; des
jeunes gens confternés à la vue d'un
billet qui les met au rang des Défenfeurs de la Patrie , comme ils le
feroient à l'afpect du fupplice ; des
parens qui percent l'air des cris du

& qu'il eft bon Général. Les Troupes Pruffiennes
font au vrai très-médiocres ; & la preuve en eft
que toutes les fois que le fort du combat a dépendu
de leur valeur , & que leurs Généraux n'ont pu
manœuvrer, elles ont été battues.

défefpoir

défespoir (1).... Quel pernicieux tableau pour un peuple! & fans la réflexion que c'eft l'appareil du defpo-
tifme, l'image de la violence, qui plus
que tout, jettent la terreur dans ces
ames, combien on auroit à rougir
pour fon pays & pour fon fiècle; fur-
tout fi, en oppofition à cette fcène
honteufe, on fe rappelloit ces pères,
ces mères de Sparte & de Rome, qui,
en apprenant que leurs fils venoient
d'expirer dans le combat, alloient
avec des tranfports de joie remercier
les Dieux!

Obfervez que cette efpèce de Soldats dont l'Etat tire fi peu de fervice,
font au fond ceux qui lui coûtent le
plus : car il ne faut pas mettre uni-

---

(1) On a vu des pères de famille préférer de mutiler
leurs enfans, à l'horreur de les voir Miliciens,
& leur trancher à coups de hache, l'index de la
main droite, pour les faire rejetter du rôle. Qu'on
juge par ce trait de la confternation des campagnes,
à l'arrivée du Mandement de l'Intendant, concer-
nant la Milice

quement en ligne de compte la folde
qu'ils touchent lorfqu'on les emploie.
Il faut y comprendre le tort que
fouffre l'Agriculture de cette quantité
d'émigrations qui fe font aux ap-
proches du tirage (1) la perte du
tems & les dépenfes des familles, nommément cette maffe de cotifation formée dans chaque communauté au profit
du Milicien : dépenfes qu'on doit regarder comme un impôt de plus,
établi fur les campagnes.

Mais, fur-tout, il faut comprendre
dans ce calcul les ravages que la mor-
talité fait dans les Troupes de milice,
toutes les fois qu'on la met fur pied,
& principalement lorfqu'elle fort du
Royaume. La moitié de ces hommes

_____

(1) C'eft fur-tout à ces époques qu'on voit les
jeunes gens le mieux faits & les plus propres à porter
les armes, fe réfugier chez cette foule de Privilégiés
qui ont, ou s'arrogent le droit de les exempter ;
& ceux-ci avoir la baffeffe de fe faire payer cet
abus de protection, foit par un fervice gratuit de
plufieurs années, foit par une fomme convenue.

périt dans le cours de chaque campagne, sans s'être présentés à l'ennemi. Transportés pour la première fois loin du lieu de leur naissance, livrés à un genre de vie si nouveau, méprisés, peut-être, des autres troupes ; le dégoût, l'ennui plus encore que les fatigues de la Guerre, & l'intempérie des airs, détruisent par milliers ces infortunés.

C'est un nouveau mal que ces mariages précoces qu'entraîne le desir de se souftraire à la milice. Ces mêmes hommes qui auroient donné à l'Etat des Citoyens robustes, ne produisent que des enfans chétifs, débiles & mal conformés (1).

Le seul bien qu'on doive à la Milice provinciale est l'existence des Grena-

_____

(1) Pour prévenir un inconvénient si funeste, on devroit bien, si l'on s'obstine à maintenir cette mauvaise institution, reculer de quelques années l'âge fixe pour le tirage du sort.

Au reste, dans cette réprobation de la Milice, il ne s'agit pas des Gardes-côtes. Cette troupe

diers royaux, qui, plus d'une fois,
se sont montrés dignes de combattre
à côté des troupes réglées. Mais ce
bien est payé trop chèrement; car
cette troupe, qui certainement ne
vaut pas mieux que nos vieux Corps,
coûte peut-être à l'État, tout compris dans le calcul, dix fois davantage.

Il doit être aisé chez une Nation
nombreuse & brave comme la Nation
Françoise de tenir les Armées toujours
complettes sans employer des moyens
coercitifs. Si l'on étoit forcé d'en user,
ce seroit la faute du Gouvernement
qui auroit répandu sur la condition
de Soldat un dégoût auquel on ne
sauroit assez promptement remédier.

---

dont l'objet est de défendre ses foyers qu'elle ne
quitte point, & qui, dans un intérêt si puissant,
trouve un courge qui supplée à son peu de discipline; cette troupe, dis-je, me paroît très-sage-
ment établie.

CHAPITRE IV.

De la quantité des Troupes.

OUVREZ l'Histoire, vous verrez par-tout la grandeur des Armées en raison inverse de la Science Militaire; vous verrez ces Nations qui semblent n'avoir été créées que pour être la proie d'un Vainqueur. Les Egyptiens, les Chinois, les Indiens, les Perses, traîner au combat des multitudes innombrables; & vous verrez, au contraire, les peuples les plus célèbres dans l'Art de la Guerre, avoir pour maxime constante de combattre avec des petites Armées, & avec elles vaincre des millions d'ennemis, renverser des Empires, & soumettre l'Univers.

Mais il est plus aisé à un Souverain de signer une Ordonnance de création ou d'augmentation de Troupes, que

C iij

de former des Guerriers. On croit
suppléer à l'espèce par le nombre ;
on se trompe; loin d'en être ainsi, je
maintiens qu'entre deux Généraux qui
feront la Guerre avec quelque intel-
ligence, celui qui commandera une
Armée de grandeur médiocre doit,
toutes choses égales d'ailleurs, l'emporter sur son antagoniste qui en
commandera une beaucoup plus nombreuse.

Le premier gagnera par-tout son
rival de vitesse, & c'est là un des plus
sûrs moyens de l'art de vaincre. S'il
ne trouve pas occasion de combattre
avec avantage, il temporisera ; bien
assuré d'affoiblir son ennemi par la
disette, qui se fait bientôt sentir dans
les grandes Armées, par les maladies &
les désertions qui en sont la suite.
Après avoir ainsi exténué son Adver-
saire, il prendra l'offensive à son
tour; il attaquera; & l'Armée ennemie
fut-elle encore supérieure en nombre,

il est presque hors de doute qu'elle sera
battue, parce qu'elle est mécontente &
découragée, parce que sa confiance aura
diminué à proportion de sa multitude,
& parce que comparant sa force précédente à sa force actuelle, elle prendra
spontanément d'elle-même une opinion
de foiblesse qui rendra sa défaite presque certaine.

Ajoutez l'impossibilité, pour un Général, de conduire par lui-même tous les
ressorts d'une grande Armée, & la nécessité de multiplier les causes secondes,
dont une seule peut tout perdre.

Si le principe que je viens d'avancer
n'est pas admis par tout le monde, il
ne doit du moins, étonner personne.
C'étoit celui de Turenne, de ce Général qui, avec de si petites Armées,
& en répandant si peu de sang, a fait
de si grandes choses ; qui a porté dans
l'Art de la Guerre une profondeur ,
une justesse, une infaillibilité de com
binaison dont lui seul a donné l'exemple :

de qui une seule campagne offre plus
d'instruction que toutes les Guerres
d'Alexandre, & dont les maximes doivent avoir pour nous la même autorité
qu'en auroient eu pour les Anciens, les
Oracles du Dieu de la Guerre.

Quoique depuis cet homme extraor-
dinaire, on ait fait quelques progrès
dans le méchanisme des Armées; tandis
que d'un autre côté, peut - être, les
principes fondamentaux de la Tactique
se sont corrompus (1); ne croyons pas
qu'une Armée de cent mille hommes
puisse devenir jamais une machine facile
à mouvoir. Voyez dans cette courte
guerre de 1778, entre l'Empereur &
le Roi de Prusse, l'inertie, l'immobilité
profonde des deux Armées. Ces co-
losses, engourdis par leur énormité,
furent plusieurs mois en présence, sans
qu'aucun des deux osât quitter sa place
pour attaquer l'autre. On étoit venu

_____

(1) C'est ce qui sera examiné en son lieu.

cependant pour combattre; car pour terminer la querelle par Ambassadeurs, ce n'étoit pas la peine de s'approcher de si près. Mais à la vue d'un si lourd fardeau à remuer, l'homme le plus fort doit se sentir foible. Je soutiens même qu'en pareil cas plus un Général sera habile, plus il se défiera de l'évènement; & sans doute, dans l'occasion dont je parle, il est arrivé à ces deux Souverains, ce que M. le Maréchal de Broglie raconte de lui-même. On l'a entendu dire que s'étant couché quelquefois avec l'intention de donner Bataille le lendemain, l'aspect d'une si immense quantité d'hommes à mettre en action, joint à l'extension démesurée de nos lignes dans l'ordre de Tactique actuel, lui inspiroit un sentiment d'effroi, & le faisoit renoncer à son premier dessein (1).

(1) Un Général aussi entreprenant que M. le Maréchal de Broglie, & qui a commandé les grandes

Les facultés intellectuelles & physiques d'un Général, quelqu'heureufement organifé qu'il puiffe être, ont des
bornes fixes. Son influence déterminante
eft néceffairement circonfcrite dans l'efpace que l'œil humain peut embraffer.
Il ne peut agir au‑delà que par des
agens intermédiaires, qui peuvent manquer de lumières ou de zèle. Quand
même ils n'en manqueroient point; avant
qu'il foit inftruit de l'état des chofes là
où il n'eft pas, & que fes ordres y foient
parvenus, l'inftant fugitif de la victoire
eft déjà loin; & fouvent tandis que les
évènemens qui fe paffent à fa vue lui
promettent le plus heureux fuccès, le
défordre furvenu dans quelqu'une de ces
parties qu'il ne peut diriger lui-même,
fe communiquant de proche en proche,

Armées avec tant de fuccès & de gloire, peut,
fans rifque, faire de lui un pareil aveu; il eft la
preuve d'un tact exquis, & ne peut qu'ajoûter à la
haute opinion que fes victoires ont fait prendre de
fon génie guerrier.

se répand jusqu'à lui; & il se trouve entraîné dans la fuite au moment où il
croyoit toucher au triomphe.

La Guerre offre une infinité d'exemples de Batailles perdues de cette manière, depuis l'usage des grandes Armées.
C'est ce qui a déterminé le Roi de Prusse
à ne se servir que de l'ordre oblique,
par le moyen duquel, ne présentant qu'un
point de son Armée à l'ennemi, & lui
dérobant le reste, il peut tout voir,
tout conduire, & il se soustrait à l'empire des cause étrangères. Voilà le secret
de ses victoires. Mais ne lui donnez pas
le tems de prendre cette disposition,
prévenez son attaque par la vôtre ;
alors il pourra être battu, comme il l'a
été en effet, lorsqu'il a été assailli par
des Généraux qui ne lui ont pas laissé
le loisir de préparer ses manœuvres.

Les victoires du Roi de Prusse ne
justifient donc pas l'abus des grandes
Armées. Ce besoin indispensable qu'elles
ont de l'ordre oblique est la preuve
la plus convaincante de leur foiblesse ;

car qu'eſt-ce qu'une force qui n'eſt due
qu'à l'emploi d'un moyen dont l'ennemi
vous prive en devenant aggreſſeur,
ou qu'il peut même vous rendre funeſte,
en tenant des colonnes de réſerve,
toutes prêtes en première ligne, pour
tomber à l'inſtant que l'oblique ſe
déclare, ſur ces parties foibles que
vous avez refuſées?

Pour qu'une armée ſoit dans ſon
maximum de force, il faut que ſon
étendue ſoit en proportion des facultés
de celui qui la commande, qui n'eſt
qu'un homme. Il faut que l'attention
du Général puiſſe en embraſſer toutes
les parties, puiſque toutes les parties
peuvent être attaquées. Il faut, enfin,
ſi l'on veut que la Guerre ſoit une
ſcience & non un jeu de haſard,
qu'un Chef d'Armée puiſſe diriger
l'enſemble des reſſorts qui doivent concourir à l'exécution de ſes deſſeins (1).

_____

(1) S'il eſt néceſſaire qu'un Général commande
ſon Armée, quelle abſurdité que ces ordres de
Bataille d'une lieue d'étendue? N'eſt-il pas évident

Voilà des principes de vérité éternelle; principes que les peuples qui ont le plus approfondi la science de la Guerre ont vu & suivis; qui ont été adoptés par les plus sublimes Généraux des autres Nations, & dont l'oubli suppose dans nos tems modernes, une décadence certaine dans l'art, & semble présager sa chûte prochaine.

Je n'ai considéré l'abus des grandes Armées que relativement à la science militaire. Que seroit-ce si je l'envisageois dans ses effets politiques? L'esprit de paradoxe qui devient aujour-

---

que si l'ennemi attaque la gauche, pendant que le Général est à la droite, l'action peut s'engager, se poursuivre, s'achever, sans qu'il y prenne la moindre part! En vain ce Général sera un grand homme; il ne dépend point de lui de n'être pas vaincu là où il n'est pas. Et d'ailleurs, quelle libre carrière cette extension excessive ne donne-t-elle point à ces rivalités, à ces jalousies dont un Général est presque toujours l'objet, à moins que, tel que le Roi de Prusse, il ne soit le Souverain de son Armée?

d'hui l'esprit dominant, & qui chasse
la vraie philosophie, comme il l'a ban-
ni autrefois de la Grèce , pouvoit
seul encenser ce délire de nos jours qui
détruit les Nations en vue, ou sous
prétexte de les protéger, par qui les
Défenseurs des peuples leur deviennent
infiniment plus funestes que leurs ennemis mêmes , & qui , pour les préserver
d'un Conquérant , leur fait sentir ,
à tous les instans , les maux de la
conquête (1). Au lieu d'éclairer
les Gouvernemens sur la plus fatale
erreur qui put les égarer , on les y
affermit, on les en loue , on les en
remercie au nom de l'univers ! Eh !

_____

(1) » Une maladie nouvelle s'est répandue en
Europe. Elle a saisi nos Princes, & leur fait entretenir un nombre désordonné de Troupes. Elle a
ses redoublemens, & devient contagieuse ; car sitôt
qu'un État augmente ce qu'il appelle ses Troupes,
les autres soudain augmentent les leurs ; de façon
qu'on ne gagne rien par-là que la ruine commune.
Chaque Monarque tient sur pied toutes les Armées
qu'il pourroit avoir si les peuples étoient en danger

voilà comment dans un fiecle corrompu
l'art d'écrire devient un nouveau fléau
pour le genre humain.

Il faudra bien , au refte , que la
mode de ces Armées immenfes & perpétuelles , qui dévorent aujourd'hui
l'Europe, ait enfin fon terme. Lorfque
la dette des Gouvernemens, qui groffit
toujours, fera accumulée au point que
leurs revenus pourront à peine en payer
les intérêts; lorfque la fubftance des
nations fera épuifée; à quels moyens
les Souverains auront-ils recours pour
fubvenir aux frais de ces armemens
prodigieux? Il faudra bien qu'ils chan-

---

d'être exterminés..... Auffi l'Europe eft-elle fi
ruinée , que les particuliers qui feroient dans la
fituation où font les trois Puiffances de cette partie
du monde , les plus opulentes , n'auroient pas de
quoi vivre. Nous fommes pauvres au milieu des richeffes & du commerce de tout l'univers, & bientôt
à force de Soldats , nous n'aurons plus que des
Soldats, & nous ferons comme les Tartares «. Aux
vices près que nous aurons plus qu'eux. Cette note
eft tirée de l'*Efprit des Loix* , tome II. liv. 13.
chap. 17.

gent de fyftême alors, ou que ces multitudes, qu'ils ne pourront plus foudoyer, tournant leurs bras contre les pays qu'elles étoient chargées de défendre, s'y établiffent fur les ruines des Peuples & des Rois.

En attendant que l'aveuglement de l'Europe fe diffipe, il faudroit, peut-être, pour remplir l'attente du Lecteur, déterminer ici la force numérique de l'Armée que la France doit entretenir. Mais comme, pour fixer ce point, il faut, fur-tout, avoir égard à la qualité des Troupes ; & que je réclame, que j'aime à efpérer dans les nôtres, une amélioration dont elles font fi fufceptibles ; fans affigner de mefure fur leur quantité, je me bornerai à l'examen de la queftion fuivante.

Le Soldat François, fuppofé égal aux Soldats des autres grandes Puiffances de l'Europe, la France doit-elle porter le nombre de fes Troupes au pair de ces Puiffances ?

Pour

Pour réfoudre cette queftion, il faut voir quels font les moyens & les befoins de l'Etat.

Si, d'abord, nous confidérons fes moyens pécuniaires; comment pourroit-il payer une Armée de deux cents mille hommes, lorfqu'il peut à peine foudoyer celle qui exifte, lorfqu'il gémit fous le poids d'un fardeau que la continuation des hoftilités va fans doute aggraver encore. Car il n'eft plus au timon de nos Finances cet Adminiftrateur unique, qui, dans le fein même de la Guerre, trouvoit le fecret d'enrichir le tréfor public & de foulager les peuples? qui, d'une main alimentoit nos ports & nos efcadres, tandis que de l'autre il allégeoit le faix de la nation, il effuyoit les larmes du pauvre & du fouffrant. Il a difparu ce Bienfaiteur immortel; & je vois déjà les abus renaître, & nos Finances prêtes à retomber dans le funefte cahos dont lui feul avoit fu les tirer.

D

A l'égard des moyens en Population :
quoique la nôtre soit égale ou supé-
rieure à celles des grandes Monarchies
du Nord, la France souffriroit davantage dans son ordre civil, & sur-tout
dans son agriculture, d'entretenir la
même quantité de Troupes ; parce que
le nombre des professions chez elle
étant bien plus multiplié que chez ces
Puissances, il lui reste un excédent
d'hommes bien moindre, & que la
classe des agriculteurs, en particulier,
continuellement affoiblie par toutes
les autres, n'a presque pas le nombre
d'individus qui lui sont absolument nécessaires.

Mais si la France, dans l'état présent des choses, ne peut, sans excéder
ses moyens, entretenir le même nombre de Troupes que les autres grands
Etats de l'Europe, observez aussi que
sa défense en exige moins, comme il
est facile de le prouver.

Parcourons sa circonférence. Dans

les cinq fixièmes de cette étendue vous
voyez la mer ou des pays qui ne peuvent devenir ennemis, tels que l'Italie
& l'Espagne. Vous voyez d'ailleurs,
entre ces pays & la France, la barrière
des Alpes & celle des Pyrenées. Il n'y
a vers l'Italie qu'un point du côté duquel
la France pourroit avoir à se garder :
le petit état de Savoye. Pour ce qui
concerne nos côtes maritimes, ce seroit
une étrange erreur d'admettre que des
régions terminées par les déserts de la
mer, ont besoin de plus de défense,
que si elles étoient bornées par un con-
tinent habité. C'est certainement une
garde que l'océan, sur-tout pour un
Royaume possesseur d'une marine for-
midable, qui doit aussi entrer en ligne
de compte dans le calcul des forces
défensives. Cent vaisseaux de ligne &
quatre-vingt mille matelots, pour un
Empire que les eaux embrassent de
trois côtés, valent bien trente mille
Soldats de plus. Eh ! comment la

France pourroit-elle fournir, à la fois, à des armemens si énormes de terre & de mer sans succomber sous son épuisement?

En achevant de parcourir le circuit du Royaume, vous ne trouvez que le côté adjacent à l'Allemagne, faisant environ le sixième de ce circuit, qui soit exposé à l'invasion : car l'Angleterre peut bien insulter nos côtes, mais non y déposer des forces suffisantes pour faire des conquêtes ; & la foible Armée que le Duc de Savoye pourroit envoyer dans notre territoire n'y feroit rien, & risqueroit d'y être ensevelie. Il ne reste donc que l'Allemagne, & dans l'Allemagne que la Maison d'Autriche qui puisse être pour nous un ennemi dangereux. Mais la Maison d'Autriche voit autour d'elle quatre Empires qui peuvent lui être redoutables : la France, la Turquie, la Russie & la Prusse. Quelle différence, d'ailleurs, pour la promptitude des secours! de l'extrêmité de la Hongrie à l'extrêmité de la Flandre, il y a plus de quatre cents lieues. La France, à peu près d'un égal diametre dans toute sa surface, n'a que deux cents lieues d'étendue. Enfin, ce Royaume, plus peuplé d'environ un tiers que la Monarchie Autrichienne, pourroit, dans une conjoncture de danger, s'écartant des règles qui doivent déterminer le pied ordinaire de son Militaire, opposer à sa rivale une supériorité de forces, proportionnée à la supériorité de sa population.

A l'égard de la Russie & des Etats du Roi de Prusse, il paroît aussi très-évident que ces deux Empires, le premier par l'immensité de sa circonférence, le second par la dispersion & la nature de ses Membres, qui, pour la plupart, sont Pays de conquête, l'un & l'autre par le nombre des Puissances formidables qui les avoisinent, ont besoin de plus de Troupes pour leur confervation que la France pour la fienne (1).

Mais que la confidération de cette pofition heureufe du Royaume, de la facilité de fa défenfe, de fes reffources ne nous plonge point dans une indolente fécurité. Nous n'avons aujourd'hui, il eft vrai, qu'un voifin puiffant; & ce voifin, par les traités & par le fang, eft l'Allié de la France. Mais ces liens du fang & des traités feront brifés,

_____

(1) Et les Colonies, me dira-t-on ? je réponds que, s'il eft néceffaire d'entretenir des Colonies à quinze cents, & jufqu'à fix mille lieues de la Métropole, tandis que dans le fein du Royaume on voit tant de contrées en friche, il faut que ces Colonies foient défendues par des garnifons ftables & permanentes, par des foldats nés, ou domiciliés dans le pays. Mais fi l'on emploie nos Régimens indiftinctement à cette défenfe, ces fatales Colonies confommeront à la France plus de milliers d'hommes qu'elles ne lui rapporteront de balles de fucre & de caffé. C'eft affez, fans doute, que le Gouvernement y verfe fes tréfors ; mais ce feroit le comble de l'aveuglement qu'il facrifiât la fleur de fa population pour la garde de ces poffeffions lointaines & peftiférées, qui finiront toujours par lui échapper.

peut-être, au premier inftant par les paffions ou par la politique. D'ailleurs, des révolutions inattendues peuvent tout changer autour de nous. L'Efpagne peut fortir de fa langueur léthargique. Elle renferme en ellemême les élémens de la puiffance, puifqu'elle a, ou qu'elle peut avoir abondamment des fubfiftances avec lefquelles on a des hommes. Un Prince, homme de génie & de courage, peut, par une fecouffe violente, mais falutaire, la tirer de fon agonie, & lui rendre la vie & la force. Les peuples d'Italie eux-mêmes peuvent rompre la double chaîne dont ils font chargés, & fe fouvenir qu'ils defcendent des maîtres du monde. Enfin la Suiffe, qui compte autant de Soldats que de Citoyens : la Suiffe peuplée d'hommes qui portent dans le tempérament l'âpreté de leur climat, & dans le cœur le courage de la liberté : la Suiffe puiffante par fa pauvreté même, peut un jour, appellant à elle ses enfans dispersés sous tous les étendards de l'Europe, & descendant de ses rochers, se rendre terrible aux mêmes Peuples pour qui elle combat aujourd'hui.

Veillons donc à notre sûreté, & pour le présent & pour l'avenir. Mais différens de ces Peuples stupides & lâches qui mettent leur confiance dans le nombre de leurs Guerriers, ne fondons le nôtre que sur le courage de nos Soldats & leur discipline. Non cette discipline abjecte & barbare qui, pour soumettre le corps, étouffe l'ame, cette discipline d'esclave, & qu'on voit avec horreur exercer envers l'esclave lui-même ; mais cette discipline qui peut s'allier avec la dignité de l'homme & du Guerrier, avec la magnanimité du caractère national. N'anticipons point : cette importante matière sera discutée ailleurs. J'ai d'autres objets à traiter immédiatement dans l'ordre des idées.

CHAPITRE V.

De la Quantité proportionnelle des Troupes d'Arme différente.

LA proportion numérique qui doit exister entre les différentes Armes est subordonnée à une infinité de circonstances qui varient d'un pays à l'autre, & d'un peuple à l'autre. Un pays de plaine, tel que la Pologne, par exemple, a besoin de beaucoup de Cavalerie pour sa défense, tandis qu'il n'en faut que peu ou point pour un pays montagneux comme la Suisse. Un Etat hérissé de Places sur ses frontières, doit avoir plus d'Infanterie que celui qui, au lieu de Forteresses, met un désert entre lui & les Nations voisines. Dans un Empire d'une vaste circonférence, ou dont les parties son dispersées, il faut plus de Cavalerie pour suppléer, par la rapidité des mouvemens, à la

grandeur des distances, que dans un
Royaume d'une étendue médiocre &
fort ramassé (1). Enfin, un Gouvernement qui, tel que l'anciennne Rome,
aura une excellente espèce d'hommes
& une mauvaise espèce de chevaux,
n'entretiendra presque que de l'Infanterie; au lieu qu'un pays où les chevaux vaudront spécifiquement mieux que
les hommes, comme la Thessalie, la
Numidie, &c. mettra à cheval la plus
grande partie de ses Troupes.

Lorsque Feuquières & d'autres Au-
teurs, sans égard à ces différences essentielles, fixent le pied de la Cavalerie
au cinquième de l'Infanterie, ils posent
le principe non-seulement le plus arbitraire, mais le plus faux. Il n'y a pas
deux Peuples à qui la même échelle
convienne à cet égard, & celui qui

_____

(1) Il est inutile de remarquer que, par une
conséquence de ce principe, la France ne doit pas
avoir tant de Cavalerie que la Russie, l'Autriche, &c.

là-deſſus ſe conduiroit par imitation, agiroit en inſenſé. On doit, ſans doute, être attentif à balancer les forces des Etats voiſins, mais il faut choiſir ſes contrepoids.

Il n'eſt pas donné à la même Nation d'être ſupérieure en tout. L'Infanterie Françoiſe eſt certainement une des meilleures, & peut-être la meilleure de l'Europe. Pourroit-on en dire autant de notre Cavalerie ? Le tems où cette Arme décidoit ſeule du ſort des combats eſt celui de nos plus célèbres déſaſtres. C'eſt elle qui a perdu les batailles de Créci, de Poitiers, d'Azincourt ; &, dans des époques plus rapprochées, c'eſt elle dont la déroute a entraîné celle de toute l'Armée. Les revers trop fréquens qu'elle a éprouvés ne doivent pas ſurprendre. Dans cette Arme le cheval eſt l'eſſentiel ; l'homme n'eſt que l'acceſſoire : or la Cavalerie des Peuples du Nord ſurpaſſe la nôtre de beaucoup, quant à l'eſpèce des che-

vaux. En vain, pour partager cette
production de leur fol, nous répan-
drons l'or à pleines mains. Les Pays
où nous ferons nos remontes fe réfer-
veront toujours l'élite de leurs haras;
& quand même ils nous permettroient
le choix dans la première qualité de
leurs chevaux, ces animaux, tranfplantés
à deux cents lieues, n'auront jamais
le même dégré de fanté, de force &
de vigueur que dans leur climat naturel.

Il eft vrai qu'on pourroit croire que
l'infériorité de notre Cavalerie n'a pas
fa feule caufe dans l'infériorité de fes
chevaux. Les vices invétérés de fa conftitution; cette honteufe vénalité qui
l'a toujours dégradée & la dégrade
encore : qui fait de la récompenfe due
aux fervices, le butin de l'homme riche:
qui fubordonne la maturité, la fageffe
à l'enfance & à l'étourderie : qui dé-
goute, décourage, avilit les anciens
Officiers, & les condamne pour jamais,
s'ils n'ont de l'or, à l'obfcurité des

derniers grades. Cette conſtitution, on doit en convenir, ne paroît pas propre à faire naître un bon eſprit dans la Cavalerie Francoiſe, & néceſſairement a dû concourir, avec les cauſes phyſiques, à la tenir dans cet état de médiocrité d'où rarement on la vit ſortir.

Ce vice moral peut être corrigé, & l'on doit eſpérer qu'il le ſera. On doit eſpérer que le Gouvernement, ouvrant enfin les yeux ſur la plus groſſière erreur, née de l'avarice ſtupide des anciens Adminiſtrateurs, ne mettra plus en balance quelqu'argent provenu du trafic des Compagnies de Cavalerie avec des Batailles perdues, & la deſtinée du Royaume.

Il eſt plus difficile de remédier à l'autre mal. Cependant il y auroit un moyen peut-être de monter notre Cavalerie; mais il faudroit que le Gouvernement fît de ce moyen l'objet le plus ſérieux & le plus ſuivi de ſon attention. Les chevaux de la Normandie égalent ou

surpassent les meilleurs de l'Europe,
dans l'espèce propre à la Cavalerie.
Mais comme ils font aussi très-bons pour
le carrosse, ceux que fournit aujourd'hui
le petit nombre de haras de cette province font enlevés, presque tous, pour
les attelages. Au lieu d'être employés
à la défense de l'Etat, ils servent à la
mollesse & au luxe des particuliers.
Qu'importe à nos Petits-maîtres, qu'importe à ces sybarites de tout sexe,
de toute robe, que nos Armées soient
battues, pourvu qu'ils triomphent dans
une promenade publique, & qu'ils ne
soient pas retardés en courant à leurs
plaisirs? Mais comme il importe beaucoup à l'Etat de ne pas perdre des
Batailles, le Gouvernement pourroit,
peut-être, se réservant tous les chevaux
de taille de la Normandie, & favorisant
leur multiplication par tous les moyens
que peut employer une Administration
active & industrieuse, tirer de cette
Province une quantité de chevaux suffi-

fante pour fes remontes, & fe créer enfin une bonne Cavalerie (1).

Mais il ne faut pas chercher à compenfer la médiocre qualité de notre Cavalerie actuelle par la quantité. Ce feroit une idée fauffe : car il eft évident que plus on la multiplieroit, moins on auroit de choix à faire dans ce rebut de l'étranger. Sans compter le furcroît de dépenfe qu'on ajouteroit par-là à une dépenfe déja fi onéreufe.

---

(1) En montrant les vices de la Cavalerie Françoife, je fuis éloigné de vouloir donner aucune atteinte à l'eftime qui lui eft due. On me dit qu'elle a plufieurs époques brillantes, & je fais cela auffi bien que ceux qui croyent me l'apprendre. Dans ces occafions, fes défauts furent rachetés par les talens des Chefs, le courage des Troupes & cette impétuofité naturelle à notre Nation. J'ajouterai que, par ce dernier avantage, elle doit, toutes chofes égales d'ailleurs, l'emporter fur celle des autres Peuples de l'Europe ; mais conduit par mon fujet à parler de notre Cavalerie, m'étoit-il poffible de diffimuler qu'elle eft mal conftituée & mal montée; & pouvais-je employer des raifons trop preffantes pour engager le Gouvernement à corriger ces deux abus dont le remède eft en fon pouvoir.

Il eſt une compenſation que nous pouvons nous procurer à moins de frais, & avec plus d'eſpoir de ſuccès : la voici.

Nous avons une excellente eſpèce de Troupe dont la France a donné le modèle à l'Europe qui s'eſt empreſſée de l'imiter. Je parle de nos Dragons, devenus célèbres, du moment de leur naiſſance, & qui, à la Guerre dernière, ſous l'influence de M. le Maréchal de Broglie, ſurpaſſant leur première réputation, ſe ſont rendus ſi redoutables aux Troupes légères des ennemis, & ſouvent ont lutté avec avantage contre leur Cavalerie même. Voilà la Troupe qu'il nous faut multiplier, parce que nous avons les matériaux de ſa compoſition: parce qu'elle eſt nationale, & dans le génie national : parce que mêlée à la Cavalerie pour combattre la Cavalerie ennemie, tantôt à cheval & à la pointe de l'épée, tantôt à pied & avec le feu, on pourra tirer d'elle le plus grand

parti

parti. Par fon moyen la moindre cir-
conftance de terrein, une haie, un foffé,
un grouppe d'arbres qui fe trouveroit
fur la ligne ou fur le front de la Cavalerie, deviendroit pour elle une protection puiffante, & pour la Cavalerie
ennemie une occafion de péril & de
déroute.

Dans une campagne rafe, même, les
Dragons pourront, fans danger, mettre
pied à terre, & faire feu contre la
Cavalerie ennemie : car leurs chevaux qui
font derrière eux, à quelques pas, leur
laiffent, dans tous les cas, le choix
du combat ou de la retraite.

Les Etrangers, il eft vrai, pourront
employer leurs Dragons au même ufage,
mais non pas avec le même fuccès, à
caufe de l'afcendant que les nôtres auront
toujours fur les leurs.

J'ajouterai une réflexion au fujet des
Dragons. S'il n'eft aucune fonction de
Troupes légères qu'ils ne puiffent auffi
bien & mieux remplir, pourquoi ne

E

pas s'en tenir à eux uniquement pour
ces mêmes fonctions? Cette mu titude
de Huſſards qui n'enviſagent que le
pillage, qui volent l'ami comme l'ennemi, & qui ſe ſouillent de tous les
crimes de la Guerre (1), avec ſi
peu de fruit pour les armées, menace
l'Art Militaire d'une prochaine barbarie.

L'accroiſſement prodigieux de l'Ar-

---

(1) C'eſt aux Officiers de ces Troupes à redou-
bler de ſoin pour s'oppoſer à leur brigandage, ſur-
tout, lorſqu'il s'exerce ſur les paiſibles Habitans
des campagnes. La prudence, autant que l'humanité
ne veulent point qu'on dépouille ces infortunés,
que la rage du déſeſpoir peut rendre redoutables;
C'eſt encore aux Officiers d'empêcher ces connivences honteuſes entre leurs Huſſards & ceux du
parti contraire ; connivences par leſquelles ils ſe
regardent réciproquement comme amis ; & ne trai-
tent en ennemis, que les hommes, quels qu'ils ſoient,
qui peuvent leur offrir une proie ; c'eſt aux Officiers, enfin, à tourner du côté du devoir toute
l'activité des Troupes de cette eſpèce. Ainſi contenues
& leur nombre réduit à des bornes raiſonnables,
elles ſeront très utiles dans les armées, & ce ſervice deviendra une excellente école-pratique de
l'Art de la Guerre.

tillerie eft un autre acheminement à la
décadence. La fupériorité que notre
Nation peut avoir dans cet Arme feroit
un malheur, fi elle nous engageoit à
fubftituer fon action à celle de l'Infanterie, qui dans cette oifiveté per-
droit fon génie & fon reffort. L'Infanterie ! l'Infanterie ! voilà l'Arme effen-
tielle, l'Arme puiffante, l'Arme des
Peuples vraiment guerriers, la moins
foumife aux caprices du fort ; parce que
le fuccès n'y dépend point du jarret &
de la bouche des chevaux, ni des ha-
fards d'un ricochet, mais de l'homme
feul, dont la valeur maîtrife la victoire.

CHAPITRE VI.

De l'Entretien des Troupes.

JE comprends sous le nom d'Entretien la Solde, le Pain, l'Habillement & le Logement. Je vais m'arrêter un instant sur chacun de ces objets (1).

De la Solde.

Ce Prince dont le nom ne peut jamais être prononcé sans une douce émotion, Henri IV, qui vouloit que chaque laboureur de son Royaume eut tous les Dimanches la poule au pot, vouloit aussi que le Soldat trouvât le bien-être dans sa condition. Celui qui verse son sang pour nous, disoit-il,

_____

(1) Quoique l'Armement fasse partie de l'Entretien, je n'ai pas cru devoir en parler ici. Sa liaison étroite avec la Tactique, marque naturellement sa place auprès d'elle.

doit être payé, du moins autant que l'ouvrier qui fait notre habit ou notre chauffure.

Les fucceffeurs de ce grand homme ont vu différemment. Depuis fon regne le Soldat François a toujours langui dans la mifère. Sa paie actuelle, comparaifon faite du prix de toutes chofes, eft à peine moitié de celle que Henri trouvoit déja trop modique.

Que de maux naiffent d'une économie fi mal calculée! de là la mauvaife compofition de nos troupes, & ce mépris où le Soldat eft tombé.

De là le fléau de la défertion; car, malgré le reproche d'inconftance & de légèreté qu'on fait au Soldat François, croit-on que s'il trouvoit le bonheur fous fes drapeaux, il fongeât à les quitter? ce qui doit perfuader le contraire, c'eft que dans la Cavalerie où la paie eft moins chétive, il y a très-peu de défertion, & que parmi les bas-Officiers on n'en

E iij

voit presque point d'exemples (1).

De-là encore ces maladies produites par l'insuffisance de la nourriture, surtout à la Guerre, où les besoins sont plus grands, maladies qui concurrem-

---

(1) Nos Soldats désertent par la même raison que nos artisans & nos manœuvres s'expatrient, pour se souftraire à l'indigence. Ce qui ne doit laisser aucun doute que telle est parmi nous la véritable cause des émigrations de toute espèce, c'est qu'elles n'ont lieu que dans la classe des misérables, & qu'on ne voit pas nos gens riches sortir du Royaume, même pour voyager. Bien loin que le François ait un penchant naturel à s'expatrier, conformément à l'opinion vulgaire, il tient & doit tenir fortement à son pays, auquel la beauté du climat, la douceur des mœurs, les plaisirs, tout jusqu'à la vanité nationale, concourt à l'attacher. Mais tant que dans notre nation le Peuple sera compté pour rien; qu'il ne lui restera pas même de quoi satisfaire ses besoins physiques, il ira chercher ailleurs le bien-être qu'il ne peut espérer sur sa terre natale. Peut-on avec justice lui en faire un crime ? Peut-on avec pudeur parler de l'amour de la patrie à des hommes qui n'y trouvent pas du pain ? Ah ! si la patrie veut qu'ils aient pour elle des sentimens de fils, qu'elle commence par leur montrer un cœur de mère !

ment avec la défertion , ravagent nos
Armées plus que le fer & le feu de l'ennemi, les réduifent à un fi petit nombre ,
fur la fin des campagnes, & les peuplent
chaque année d'une fi grande quantité
de Soldats nouveaux.

Si l'on pouvoit calculer ce que les
Batailles perdues par cette parcimonie
ont entraîné de dépenfes, pour ne rien
dire des autres fuites funeftes, on verroit qu'il en a coûté un centuple de
ce qu'on a cru épargner.

Il feroit plus avantageux, fans doute,
d'avoir beaucoup moins de Troupes,
mais mieux payées , mieux nourries,
robuftes & fidèles, que ces innombrables multitudes qui fe fondent fans combats , & qu'il faut renouveller fi fouvent, fans parler de l'énergie que l'ame
du Soldat puiferoit dans le degré de
confidération que répandroit fur lui un
traitement plus honnête (1).

(1) « Par-tout où l'on n'a point de confidération pour le Soldat, la milice tombe » *Montecuculli.*

E iv

Mais combien d'autres moyens notre
Gouvernement n'auroit-il pas pour une
augmentation de Solde, s'il pouvoit
se réfoudre à frapper fur cette foule
d'abus de toute efpèce qui dévorent les
revenus pub.ics (1)? par quel défordre
inconcevab'e l'Etat le plus riche de
l'Europe ne peut-il payer fes Soldats?
Le premier emploi, l'emploi le plus
facré de la contribution des Peuples,
ne devroit-il pas être de pourvoir aux
befoins de leurs défenfeurs?

Il s'en faut bien que la foible addi-
tion faite fous ce règne à la paie du
Soldat, l'ait tiré de l'indigence. On
ne fait pas à que's moyens funeftes à
leur être, ceux de ces infortunés qui
n'ont pas la reffource d'un métier, font
forcés d'avoir recours, pour fuppléer
à l'infuffifance de la Solde. Ce n'eft qu'en

_____

(1) Problème à réfoudre. Démontrer par quelles
caufes dans un pays fi riche que la France, la nation eft fi pauvre & le Gouvernement fi obéré.

multipliant fur eux les veilles & les fatigues du fervice, en couchant la moitié de l'année fur les planches d'un corps-de-garde, en facrifiant leur tempérament, leur fanté, & précipitant le terme de leurs jours, qu'ils parviennent à fe procurer l'équivalent de leurs premiers befoins.

Suffit-il, au refte, que le Soldat ait le néceffaire phyfique? doit-il être privé de tous les plaifirs de la vie, lui, dont les devoirs font fi pénibles, lui, que le joug pefant de la difcipline ne laiffe pas respirer un inftant; qui, fans ceffe, eft entouré de Supérieurs de tout grade, de tout caractère, dont il faut qu'il endure, non-feulement la févérité, mais trop fouvent encore l'humeur & les injuftices? Pour les dédommager de fonctions fi dures, & de tant d'amertumes, eft-ce affez de l'empêcher de mourir de faim?

La paie du Soldat éprouve une retenue de deux fols par jour, pour le

pain qu'on lui fournit ; & les abus qui
se commettent dans cette partie essen-
tielle, doivent être dévoilés.

Du Pain.

On donne au Soldat une livre &
demie de pain par jour : cette quantité,
pour des hommes réduits presqu'à ce
seul aliment, est évidemment insuffisante.
D'ailleurs, ce pain est très-peu subs-
tantiel ; il a perdu, par des manipu-
lations clandestines de boulangerie ,
presque toutes ses parties nutritives ; on
en a extrait la farine la plus pure qu'on
a remplacée par un son étranger. Un
autre vice de constante habitude, est de
pétrir ce pain avec une quantité d'eau
surabondante pour en augmenter le
poids, ce qui lui laisse une humidité per-
nicieuse qui le rend très-sujet à moisir.
Que dirai-je de la mauvaise qualité du
grain dont on le compose, de ce rebut
des greniers & des halles, moulu avec
toutes ses ordures, & souvent germé,
pourri, empoisonné ?

Ce qu'il y a d'horrible, c'est que tel mauvais que puisse être le pain de munition, pourvu que le poids s'y trouve, on force le Soldat à le recevoir. J'ai vu avec indignation, dans plus d'une ville de guerre, la Garnison alimentée pendant plusieurs mois, avec un pain qui portoit les signes les plus manifestes de corruption, & des Chefs foibles, ou plutôt lâches & punissables prévaricateurs, par égard pour des hommes affreux, sur lesquels ils auroient dû provoquer toute la rigueur du Souverain, fermer les yeux sur des malversations si criminelles, & l'oreille aux plaintes dont elles étoient l'objet. Cependant pressé par la faim, le Soldat faisoit son repas de ce pain infecté. Eh ! combien de ces infortunés n'ont-ils pas reçu avec lui dans leurs entrailles les germes de la mort !

Et l'on tolère des abus si notoires & si funestes ! Et parmi tant de coupables, on n'en verra jamais un seul puni ! Pour

qui donc est réservé le glaive des Loix?
Pour l'infortuné que la misère aura jetté
dans le désespoir, & qui, n'ayant Rien,
ravira à ceux qui ont Tout, ce foible
nécessaire que leur dureté lui aura refusé.

De l'Habillement.

Il n'y a rien à changer dans la forme
actuelle de l'Habillement. Donnez-lui
l'empleur convenable, & c'est en tout le
meilleur pour la Guerre (1).

Mais je dois relever encore ici les
conséquences de cette fausse économie
qui préside parmi nous à toutes les
dépenses utiles, tandis que la plus grande
prodigalité règne dans celles dont l'objet
est frivole.

Le Roi, qui fournit l'Habillement
aux Troupes, ne le renouvelle que tous

---

(1) Il n'y a point de raison pour que l'Habit
militaire, parmi nous, soit distingué, par sa forme,
de l'Habit civil, celui-ci est précisément l'Habit
militaire d'autre fois.

les trois ans. Que s'enfuit-il ? que pour prolonger fa durée jufqu'à l'époque de la nouvelle livraifon , on défend aux Soldats de le porter les deux tiers de l'année. Ces hommes, réduits à une vefte rapée , ne tranfpirent point ; ou bien forcés, pour fe garantir du froid, de fe tenir continuellement enveloppés fur leur lit, leurs humeurs croupiffent. Dans les deux cas, ils tombent malades, vont à l'Hôpital , & beaucoup y laiffent la vie.

A la Guerre, où il eft plus néceffaire encore que le Soldat foit couvert, il eft nud dès la feconde campagne. Comment foutiendroit - il la froideur d'un bivouac, les rigueurs de l'arrière-faifon? La fièvre & l'Hôpital : voilà encore le réfultat. C'eft par cette indifférence auffi infenfée que barbare fur la fanté du Soldat , à tous les égards , que les Armées Françoifes fe confument en fi peu de tems.

Le Soldat Pruffien eſt habillé tous les ans; & le Soldat François, bien moins robuſte, le Soldat François qui ſert le plus riche Monarque de l'Europe, le Soldat François environné, même dans les camps, du ſpectacle du luxe le plus ſomptueux..... Je m'arrête, je m'exprimerois avec trop d'amertume.

La Coëffure faiſant partie de l'Habillement, j'en dirai un mot.

Le chapeau a mille inconvéniens. Avec lui le Soldat eſt gêné dans le port & dans le mouvement de ſon Arme; avec lui il ne peut ſe coucher; avec lui ſa tête eſt mal à couvert, ſurtout la nuit. Pourquoi n'avoir pas laiſſé le caſque? Les défauts qu'on y a trouvés, inſéparables d'un premier eſſai, pouvoient être aiſément corrigés; & j'entends dire qu'ils le ſont dans le premier de nos Régimens d'Infanterie qui l'a conſervé. Le caſque élève la ſtature de l'homme , donne à une Troupe un air imposant ; & Tacite dit très-bien qu'à la Guerre les yeux font vaincus les premiers.

Par la même raison, on n'eut pas dû ôter le bonnet aux Grenadiers, malgré l'inconvénient qui l'a fait supprimer. Dans les Troupes de Prusse , un bonnet à peu-près semblable, est la coëffure de tous ceux des Régimens d'Infanterie désignés sous le nom de Fusiliers. Le bonnet du Grenadier n'est distingué que par une grande houpe qui le couronne.

Du Logement.

Est-il sage , est-il vraiment économique d'entasser les Soldats, soit dans une chambre , soit sous une tente, comme du bétail dans une écurie ? Voilà un des germes les plus féconds de ces maladies qui dévastent les Armées modernes.

L'usage de faire coucher trois hommes dans un même drap , qu'on ne change que tous les mois, n'eſt-il pas une autre cauſe journalière de maladies (1)?

Si les misères de ces Soldats, qui ſont des hommes comme vous, qui ſont vos ſujets, qui ſont les inſtrumens de votre puiſſance & de votre gloire, ſi leurs misères vous ſont indifférentes, pourroit-on, dire aux Souverains, qu'au moins votre intérêt vous touche. Vous détruiſez vous-même plus de vos Guerriers qu'il n'en périt par les mains de l'ennemi.

Il ne faut pas ajouter au mal-être, néceſſairement attaché à la condition de Soldat. C'eſt tout ce que la nature humaine peut ſoutenir. Conſidérez, d'ailleurs, que les vôtres, condamnés à des privations auſſi pénibles & plus continuelles que celles des Guerriers de Lacédémone, & qui n'en ſont pas dé-

---

(1) Ces deux abus n'exiſtent point en Pruſſe. Il n'y a que quatre lits par chambrée, & deux Soldats dans chaque lit.

dommagés,

dommagés, de même, par le respect public & d'autres jouissances flatteuses ; considérez, dis-je, que ce ne sont pas des Spartiates, mais des hommes du dix-huitième siècle.

Il faut que le régime du Soldat soit dur & sobre, mais non indigent & malsain.

F

CHAPITRE VII.

De la Formation.

CE fut une idée sage que celle de composer tous les Régimens du même nombre de Bataillons Mais pourquoi le nombre *deux* a-t-il été préféré? Deux Bataillons ne font pas corps à la Guerre, mais la moitié d'un corps appellé *Brigade*. La Formation à quatre Bataillons, par laquelle chaque Régiment composeroit sa Brigade, ne seroit-elle pas plus simple & plus avantageuse? La même unité physique & morale, & par conséquent la même force, peut-elle se trouver dans le mêlange de deux Troupes, réunies pour la première fois, comme dans un ensemble de tout tems organisé, instruit, exercé en corps?

De cet accouplement de deux Régimens naissent d'autres inconvéniens

encore. Le Régiment, chef de Brigade,
le seul dont on parle, qu'on célèbre,
par qui l'autre est, pour ainsi dire,
anéanti, devient pour son second un
objet secret de jalousie, & celui-ci fera
moins d'efforts pour obtenir des succès,
dont le premier doit presque seul recueillir la gloire (1).

La même raison qui fait dire à l'Auteur de cette Formation avec tout le
monde, qu'il importe pour l'esprit de
corps, que les Régimens ne changent
jamais de nom, eût dû l'engager à les
porter tous à quatre Bataillons. En
effet, les belles actions d'un Régiment
second de sa Brigade, ne restent-elles
pas aussi inconnues à la postérité que
s'il eût changé de nom? Le sien n'est
point consacré dans les annales. Ses
exploits, aussi perdus pour sa gloire

---

(1) Il est d'expérience, dit Feuquières, qu'un
Corps s'intéresse toujours plus à une de ses parties
qu'à un autre Corps.

que ceux des Régimens dont le nom est changé, ne font qu'une fimple tradition de corps, fur laquelle l'incertitude fe répand, qui s'affoibiit tous les jours, & finit par s'anéantir.

De plus, dans cet amalgame, l'un des deux Régimens n'étant point commandé par fes Chefs ordinaires, n'obéit ni avec la même confiance, ni avec le même zèle. Sans compter la rivalité du commandement, qui, fouvent, vient femer la méfintelligence entre les deux Etats-Majors.

Au refte, confultons l'expérience. Quels font les Régimens où régna de tout tems un efprit plus Militaire, qui comptent le plus d'époques glorieufes? Les Régimens à quatre Bataillons. C'eft de Champagne, Navarre, Auvergne, dont on a dit qu'un lâche en y entrant devenoit brave.

Rien de fi foible & même de fi faux que les raifons fur lefquelles l'Auteur de la nouvelle Formation fonde la préfé-

rence qu'il lui a donnée. Il allégue la
supériorité de tenue, la plus grande
facilité à completter. Comme si, dans
les Régimens à quatre Bataillons, les
ressources n'augmentoient pas à proportion des besoins ; comme si, en se
prêtant à la supposition de ces inconvéniens, il n'eût pas été facile d'y remédier ; comme si, enfin, toute con-
sidération n'étoit pas subordonnée à
l'objet de vaincre, à ce grand objet,
à cet objet unique (1).

M. de Saint-Germain, dans les Mémoires qu'il a laissés, fait assez sentir la
vraie raison, s'il ne l'énonce pas clair-
rement, qui a décidé son choix pour la

_____

(1) Si la Formation à deux Bataillons est la
plus avantageuse, pourquoi a-t-on laissé à quatre
le Régiment du Roi ? Est-ce par une défectuosité
que doit être distingué un Régiment d'élite ?

Je ne veux pas dissimuler la seule objection que
l'on m'a faite contre la Formation des Régimens
par Brigade : c'est qu'à la paix, on sera forcé d'en
diviser plusieurs pour former la garnison des petites
villes de Guerre. Mais il est aisé de voir que cette

F iij

Formation à deux Bataillons. Il a voulu se ménager une plus nombreuse promotion de Colonels, pour satisfaire cette foule de prétendans qui l'obsédoient. C'est dans la même vue qu'il a créé le grade si inutile de Colonel en second, dont il sera parlé tout-à-l'heure. Mais quand des motifs pareils influent sur les opérations d'un Légiflateur, combien n'est-il pas au-dessous de cet augufte caractère?

Je paffe à la force du Bataillon. Il est composé, sans y comprendre la Compagnie volante de Grenadiers ou Chaffeurs, de quatre Compagnies, aujourd'hui de cent seize hommes, & qui, fur le pied de Guerre, doivent être

objection tourne à l'appui de mon fyftème; car si c'est un inconvénient que les deux moitiés d'un tout foient quelquefois féparées, c'en est un bien plus grand qu'elles le foient toujours. Obfervez, d'ailleurs, que ces portions momentanément défunies, refteront commandées par les mêmes Chefs, & conduites fur les mêmes principes, en attendant la réunion qui formera leur état habituel.

portées à cent foixante - trois, non
compris les Officiers & Tambours. La
fomme totale de ces quatre Compagnies donne au-delà de deux cents files;
&, avec les Grenadiers ou Chaffeurs,
plus de deux cents trente (1). Cette
étendue exceffive du Bataillon porte à
l'extrême un des plus grands vices de
notre Tactique : le flottement, d'où
s'enfuit toujours la lenteur & le défordre.

Remarquez, d'ailleurs, que les Compagnies étant fi nombreufes, l'Officier
connoît moins le Soldat, &, par conféquent, a moins de prife & d'influence
fur lui. Remarquez auffi que le raffemblement de la Compagnie devient fort

---

(1) Suppofons-le non complet d'un quart, &
fûrement, au commencement d'une campagne, il
n'excède pas cette proportion, le Bataillon fera
encore de cent cinquante files, & avec les Grenadiers ou Chaffeurs d'environ cent quatre - vingt.
Or, il eft impoffible à un Bataillon fi étendu, de
marcher fans ferpenter.

F iv

lent. Et j'obferverai, à ce fujet, que dans les raffemblemens journaliers, on ne paroît pas affez fentir l'importance de mettre promptement un Troupe fous les armes. Quand l'habitude de cette lenteur eft contractée à la Paix, il eft difficile de s'en corriger parfaitement à la Guerre; ou que du moins alors, un raffemblement brufque fe faffe fans tumulte & fans confufion.

Venons à la compofition de l'Etat-Major. Je vois d'abord quatre Officiers fupérieurs pour deux Bataillons; & ces quatre Officiers fupérieurs n'ont que les mêmes fonctions, qui, au furplus, fe réduifent aujourd'hui à très-peu de chofe (1). N'étoit-ce pas affez d'un

---

(1) » Il n'eft pas poffible, dit encore Feuquières, à la fuite des paroles citées ci-deffus, de trouver la capacité & l'expérience requifes pour la conduite des Régimens, dans un auffi grand nombre de Colonels & Majors que l'on emploie à préfent. Enfin, fans m'étendre davantage fur ce fujet, je m'en rapporterai feulement à ce qui s'eft vu depuis quelques années, pour faire convenir qu'il faut des plus grands

Commandant par Bataillon, outre le Commandant en chef? Pourquoi ce Colonel en second? N'est-ce point entre le Chef & le Corps un canal superflu, qui ne fait que rallentir leur communication réciproque? On veut former des jeunes gens de qualité pour le Grade de Colonel. Mais sans ajouter un ressort parasite à la machine du Régiment, ne pouvoit-on les former, en les faisant passer par les Grades déja établis, comme cela se pratique chez d'autres Peuples qu'on a pris pour modèle, bien moins à propos, en tant d'autres choses?

La même Constitution qui, du pre-

Corps, afin qu'il y ait moins de Colonels, & que l'on oblige la jeunesse, de quelque qualité qu'elle soit, à passer par les degrés, afin que par l'obéissance, elle se rende capable du commandement ». Le chapitre présent étoit fait lorsque je suis tombé sur le passage de Feuquières, qui m'a fourni ces deux citations; & je me confirme dans mes idées par leur parfaite analogie avec celles de cet homme judicieux.

mier pas, ouvre la porte des hauts
Grades à des jeunes gens qui, souvent,
n'y portent d'autre titre que le hasard
d'un nom, ferme inhumainement l'entrée de tout Grade supérieur à l'ancien
Officier, couvert d'honneur & de blessures, qui ne saura pas intéresser en sa
faveur les solliciteurs des graces. Si cet
Officier ignore, ou qu'il dédaigne l'art
de plaire, quelque supériorité de mérite
qu'il puisse avoir, il languira, il crou-
pira dans les rangs subalternes. Une
seule réflexion devroit bien ouvrir les
yeux sur l'absurdité de cette exclusion.
Quelle est la perspective qu'offre la
Guerre, en compensation de ses travaux & de ses dangers, aux Capitaines
en premier d'un Régiment ? Aucune.
Or, n'est - ce point un vice essentiel
dans une constitution, de faire redouter
les combats aux principaux Membres
des Corps , aux Chefs de toutes les
Troupes particulières qui les composent? Qu'un des Grades supérieurs soit

l'attrait de l'émulation, je l'approuve.
Mais laiſſez à ceux qui ont conſumé
une partie de leur vie dans les emplois
inférieurs, qui ont parcouru cette humble
& lente carrière, en l'arroſant de leurs
ſueurs & de leur ſang, laiſſez leur l'eſpoir d'un grade honorable. Il eſt certain
qu'ils ont au moins pour eux, les lumières de l'expérience & les ſentimens
d'un courage éprouvé; & c'eſt ce que
vous ne pouvez pas dire de ces jeunes
gens à qui vous confiez, cependant, un
plus haut Grade.

Pour terminer ce Chapitre, voici
en peu de mots la Formation que je
ſubſtituerois à celle que je viens d'examiner.

Tous les Régimens portés à quatre
Bataillons, formeroient chacun ſa Brigade. Le Bataillon a huit Compagnies
de 70 hommes, ſe porteroit à 560 hommes, ſans compter les Grenadiers ou
Chaſſeurs. L'Etat-Major, ſeroit compoſé
d'un Colonel, d'un Officier ſupérieur

par Bataillon, fous telle dénomination
qu'on voudroit, & d'autant d'Aide-
Majors, ou Adjudans. Et pour ménager à la fois une récompenfe aux
fervices, un prix à l'émulation, un dé-
bouché à la haute Nobleffe, deux de
ces emplois de Commandant de Bataillon feroient remplis par les plus
anciens Capitaines (1), les deux autres
feroient donnés, l'un au mérite, l'autre
à la naiffance.

Qu'on ne dife pas que je traite trop
mal la qualité ; puifqu'il y auroit pour
elle, deux places par Régiment, compris celle de Colonel. En total, elle y
en auroit autant que dans les anciennes
Formations, & plus que dans celle
de 1763 (2).

Qu'on ne dife pas que je fuis trop

------

(1) Ce ne feroit que la moitié des Grades fupérieurs qu'il y avoit autrefois pour l'ancienneté, puifque leur nombre étoit égal à celui des Bataillons.
(2) Il n'y eut plus de Régimens d'un Bataillon.

généreux envers l'ancienneté & trop peu pour le mérite. Si c'étoit effectivement le mérite qui fut avancé fous ce nom, d'accord ; mais à qui apprendrai-je que ces Grades qu'on a ravis à l'ancienneté, font prefque toujours le prix de la foupleffe, de l'intrigue, & quelquefois de la baffeffe ?

Je dirai feulement fur la Formation de la Cavalerie & celle des autres Troupes, qu'elle doit partir du même principe d'uniformité, de fimplicité, & fe propofer pour but la même aptitude à la Guerre ; que cet objet doit faire difparoître toute autre confidération, parce que la fin de toutes les parties & de la Conftitution & de l'Art, c'eft la victoire.

CHAPITRE VIII.

De la Tactique.

LA Tactique est l'art d'ordonner &
de mouvoir les Troupes (1).

Depuis bien des années, on ne
cesse d'écrire & de disputer sur cette
matière. Mais ces disputes & ces écrits,
comme ceux de la Théologie, n'ont
servi qu'à affermir plus opiniâtrement
chaque parti dans ses opinions. On a
même vu des Militaires, entraînés par
l'esprit polémique, porter dans ces
querelles l'aigreur & le fiel des gens

---

(1) La Tactique tient sans doute à toutes les parties de la Guerre, puisque toutes les parties d'une
science sont enchaînées. Mais s'ensuit-il qu'elle soit
elle-même la science de la Guerre ? Cette logique
seroit singulière. Si la Tactique & l'Art Militaire ne
font qu'une même chose, comment nommera-t-on
cette branche de l'Art connue jusqu'ici sous le nom
de Tactique.

d'églife; tant les hommes fe reffemblent dans les états les plus différens.

Sans efpérer d'amener à une unité de doctrine des efprits échauffés, & que ne conduit plus le feul amour de la vérité; je vais difcuter, fous les yeux du public, en aufli peu de mots qu'il me fera poffible, la queftion fonda- mentale de ce long procès.

L'Infanterie doit-elle être ordonnée primitivement & habituellement fur trois rangs ou en colonne?

Sur trois rangs, répondent les parti- fans de la méthode établie; & voici en fubftance les raifons dont ils s'appuient:

1°. L'Arme à feu eft la plus terrible & la plus meurtrière, par conféquent la plus avantageufe pour la victoire. C'eft donc fur elle que doit être fondé l'ordre habituel.

2° L'union qu'on a fu faire de cette Arme avec l'Arme blanche, produit deux genres de combat : le combat de jet, & le combat de choc. Mais le combat de jet précède le combat de choc, dont l'ordre propre au combat de jet doit être ordre primitif.

3°. L'adoption de l'Arme à feu a fait paſſer du côté de la défenſe l'a-vantage qui, précédemment, appar-tenoit à l'attaque; parce que l'exécu-tion de cette Arme exige qu'on ſoit en repos, & qu'elle devient inutile dans les mains de l'homme qui marche. Donc l'ordre convenable à la défenſe doit être ordre habituel.

4°. L'état primitif & habituel d'une Armée eſt l'état de défenſe, donc ſon ordre primitif & habituel doit être l'ordre de défenſe.

Voici les objections des antagoniſtes.

1° Il eſt faux que l'Arme à feu ſoit la plus terrible & le plus meurtrière. Elle n'eſt pas la plus terrible, puiſque les Troupes, ſans s'ébranler, en eſ-ſuient l'effet des heures entières, & qu'elles fuient, preſque toujours, ſitôt que l'ennemi approche pour combattre à l'Arme blanche. Elle n'eſt pas la plus meurtrière; car l'Arme blanche a frappé vingt fois, avant que le fuſil ait tiré une. L'Arme à feu n'eſt donc pas la plus avantageuſe pour la victoire; & ce n'eſt donc pas ſur elle qu'on a dû fonder l'ordre habituel.

2°. Quoique le combat de jet précède le combat de choc, il ne s'enſuit pas que l'ordre propre au combat de jet doive être ordre primitif; car, avant d'en venir à ce combat de jet, il faut marcher & manœuvrer, & c'eſt ce qu'on ne ſauroit faire dans l'ordre ſur trois rangs : donc cet ordre ne doit pas être ordre primitif.

3°. Malgré la préférence qu'on a donnée à l'Arme à feu ſur l'Arme blanche, l'avantage eſt demeuré à l'offenſive. Cela eſt démontré par les faits (1) ;

_____

(1) » On n'a qu'à récapituler les Batailles données par les grands Hommes , ils ont preſque toujours attaqué «. Eſſai général de Tactique , tome II , page 143, Edition de Liège.

G

& pour nous renfermer dans des exemples très-familiers aux partifans de l'ordre mince, cela eft démontré par les Batailles même du Roi de Pruffe. Toutes les fois que ce Prince a attaqué, il a battu ; prefque toutes les fois qu'il a été attaqué, il a été battu. Il eft bien vrai que la défenfive a l'avantage du feu ; mais cela prouve que ce n'eft point le feu qui donne la victoire. Ce n'eft pas même la deftruction qu'on fait dans l'Armée ennemie ; car affez fouvent le vainqueur a plus fouffert que le vaincu. Ce qui procure le fuccès, c'eft la promptitude, l'audace des mouvemens ; c'eft la facilité, la confiance de joindre l'ennemi ; & c'eft cette confiance, cette facilité dont manqueront toujours des Bataillons allongés fans mefure, & réduits à l'amincifement de trois hommes.

4°. L'état primitif & habituel d'une Armée n'eft pas l'état de défenfe ; c'eft l'état de repos, duquel il faut qu'elle

puiffe paffer fubitement, foit à l'attaque, foit à la défenfe. Or, une Armée
déployée fur trois rangs, eft bien moins
préparée, même pour la défenfe, que
formée en ordre de profondeur ; car
toute Armée attaquée qui ne manœuvre
pas, eft une Armée battue. Mais pour
manœuvrer il faut quitter l'ordre étendu.
Eh! pourquoi donc s'y être mis? N'eft-ce
point une entrave dont on s'eft chargé,
un retard qu'on s'eft préparé? Ce retard, dites-vous, ne fera pas long,
puifqu'il fuffira de rompre à droite ou à
gauche, pour fe trouver en colonne de
marche (1). Fort bien. Mais fi l'ennemi,
fi quelqu'efcadrons d'Huffards feulement
rencontrent en chemin votre colonne,
ou vos colonnes à divifions ouvertes,
le moindre inconvénient pour vous,
eft d'être obligé de vous arrêter pour

---

(1) Remarquez que s'il s'agit de fe porter en avant
ou en arrière, alors le retard fera très-confidérable
par le mouvement proceffionnel qu'il y aura à faire.

faire face à cette Troupe. Vous voilà donc tenu en échec, & ne pouvant remplir votre deſtination, tandis que les colonnes à diviſions ſerrées, pourſuivant leur marche, ſans daigner faire attention à cette poignée d'Huſſards qui vous a ſi honteuſement arrêté, & peut-être battu, vont droit à leur objet, & ſauvent l'Armée.

Il ne peut y avoir ſur le théâtre de la Guerre aucune poſition, ni dans cette poſition aucune circonſtance locale qui exige, même dans la défenſive, qu'on déploie un ſeul Bataillon d'avance. Premièrement, vous ignorez où l'ennemi portera ſes coups, & peut-être les Troupes avec leſquelles vous borderez ce retranchement, ſeront celles qu'il faudra remuer. En ſecond lieu, un point quelconque à défendre eſt acceſſible, ou il ne l'eſt pas. S'il n'eſt pas acceſſible, vous aurez tout le tems de vous y déployer. S'il eſt acceſſible, ne vaut-il pas mieux l'occuper en colonne ſerrée,

pour tomber avec cette maffe fur l'ennemi qui vient à vous, & que vous rom-
prez fi aifément s'il fe préfente en ordre
déployé (1) ? Mais fi l'ennemi eft en
colonne, à plus forte raifon devez-vous
y être auffi dans la fuppofition actuelle,
où n'étant féparé de lui par aucun obftacle, vous n'avez pour défenfe que
votre force intrinféque. Donc, dans la
défenfive même, l'ordre étendu ne doit
pas être primitif: donc il ne doit jamais
l'être (2).

_____

(1) Il eft bien évident que, fi l'ordre mince prenoit l'offenfive contre la colonne, il feroit perdu
inévitablement; car alors, privé du feu qui eft fou
unique avantage, il ne lui refteroit rien.

(2) Il faut diftinguer l'ordre primitif d'une Armée,
de l'ordre primitif d'un Régiment ifolé. Comme chaque fois qu'un Régiment prend les Armes, foit dans
fa garnifon, foit dans fon camp, il convient que,
préalablement à toute opération, il foit vu par fes
Chefs, & que la forme de l'ordre étendu eft la plus
commode pour cela; il me paroît que la difpofition
primitive d'un Régiment individuellement confidéré,
doit être fur trois ou bien fur fix, fi l'on campe fur
fix comme on le devroit toujours. Mais peut-on

Ces objections me paroiffent fi puiffantes, que je ne trouve, ni dans mon esprit, ni dans aucun écrit de l'ordre mince, rien de folide à répliquer. Elles donnent pour moi plus de poids à l'ordre profond, que l'autorité du Roi de Pruffe n'en peut donner à l'ordre étendu. Mais, au furplus, le Roi de Pruffe, dont l'exemple eft le chapitre

---

mettre en queftion s'il faut qu'une Armée foit rangée dans l'ordre de colonnes, puifqu'il n'y a point de mouvement fans cela; & que toute difpofition défenfive comme offenfive, ne peut fe prendre que par le mouvement? Au refte, il n'eft pas befoin d'avertir qu'il ne peut être ici queftion de la colonne ouverte qu'on fe fouvient que j'ai profcrite. Cette colonne fi pefante dans fa marche, par la néceffité des allignemens, fi flafque, fi foible, fi incapable de défenfe, fi impraticable devant la moindre Troupe ennemie; cette colonne, qui n'a que la propriété de fervir de paffage à l'ordre déployé, & qui même, à cet égard, eft beaucoup plus lente dans fes moyens que la colonne ferrée, à moins qu'il ne plaife à l'ennemi d'attaquer précifément du côté où l'on eft formé; cette colonne, dis-je, eft affurément, même dans le fyftême de l'ordre mince, une difpofition très-abfurde.

triomphant des partifans de l'ordre déployé, & leur dernier argument lorfque l'évidence les accable, ce Prince eft homme, malgré fa gloire, & fujet par conféquent à l'erreur.

N'eft-ce point introduire dans l'Art de la Guerre la même fuperftition qui s'eft emparée de la Religion, & qui la déshonore, de ne reconno?tre dans cet Art, pour vrai, pour bon, que ce qui eft pratiqué par le Roi de Pruffe? Et, d'ailleurs, qui vous affure que ce Souverain approuve la méthode de l'ordre mince, quoique ce foit la méthode de fes Armées ? Prefque fûr du fuccès par l'influence de fa préfence & de fon génie, & par la fupériorité de fes Troupes dans cette Tactique qui leur eft commune avec toutes celles de l'Europe, il n'a pas cru, fans doute, de fon intérêt de donner l'exemple d'un genre de Tactique bien moins adapté au caractère de fa Nation qu'au génie d'autres Peuples.

Obſervez en outre, que la moitié des Armées de Pruſſe eſt compoſée d'étrangers. Ces infortunés qui gémiſ-ſent ſous le joug d'un eſclavage qui ne doit jamais finir, ne ſouhaiteroient rien ſi ardemment que l'occaſion de s'y ſouſ-traire ; & mêlés à l'ennemi, dans le combat du choc, ſeroient bien plus diſ-poſés à ſe rendre à lui qu'à le combattre.

Mais ſans chercher à pénétrer dans les penſées & les motifs du Roi de Pruſſe, & ne jugeant l'ordre mince que ſur les principes de la raiſon, jettons un moment les yeux ſur une Armée formée dans cet ordre.

Je vois une multitude immenſe al-longée dans une eſpace quelquefois de pluſieurs lieues, ſur une ſimple file de trois hommes. Derrière ce fil fragile, à trois cents pas, j'en vois un autre ſemblable. Voilà une Armée moderne dans ſon ordre de Bataille. Or, quel eſt l'homme doué de quelque clarté naturelle, & dont l'eſprit n'aura pas été subjugué par l'autorité ou par l'habitude, qui ne sente d'abord l'extrême foiblesse d'une Armée ainsi ordonnée, qui ne trouve ridicule qu'on ait donné un tel arrangement à cent mille Soldats ? En vain diroit-on que ce n'est-là que l'ordre de méthode, l'ordre d'attente. Faux subterfuges ! l'ordre de combat ne diffère que par quelques légères modifications de cet ordre fondamental. Ce sont toujours & uniquement trois hommes de hauteur, ce sont toujours des portions plus ou moins étendues, plus ou moins traînantes de ces deux lignes si débiles qui formoient l'ordre primitif. Ces lignes premières n'ont fait que devenir moins droites & moins contigues. Si vous appercevez des corps plus épais & plus solides, ce n'est point sur le champ de Bataille, c'est sur le chemin qui y conduit. En arrivant sur la scène du combat, vous verrez ces masses se dissoudre, se réduire en longs & foibles filamens, & n'opposer par-tout à l'ennemi qu'une réfiftance de trois hommes.

Et c'eft-là le plus haut dégré de perfection de l'Art Militaire! Et dans cet
Art, nous oferions nous croire fupérieurs aux Grecs & aux Romains! Je
le répète, la force de l'habitude peut
feule nous faire méconnoître l'abfurdité
de notre Tactique. Il en eft de cette
abfurdité comme de tant d'autres, qui
font admifes, parce qu'elles ne font pas
difcutées, & dont on fe défabufe dès
l'inftant qu'on leur applique la pierre
de touche du raifonnement. Mais il
faut, pour cela, n'avoir aucun intérêt,
foit de réputation, foit de fortune à
les foutenir; car alors cet intérêt faf-
cine l'efprit, ou du moins il dirige la
plume & le langage, & l'on s'efforce de
perfuader des opinions que foi-même
l'on méprife. C'eft bien moins la foibleffe de l'efprit humain que l'intérêt
perfonnel qui perpétue les erreurs en
tout genre; & pour faire régner la
vérité fur la terre, il faudroit com-

mencer par y établir le règne de la vertu.

Je crois avoir mis le Lecteur en état de résoudre la question proposée au commencement de ce Chapitre. Il s'en offre à présent deux autres. Quel usage doit-on faire de l'ordre du feu, rejetté comme primitif & habituel? Quel est la meilleure espèce d'ordre profond? Discutons laconiquement ces deux questions.

L'Arme à feu, sans doute, n'est pas la meilleure Arme Militaire qui existe; je crois l'avoir prouvé : mais elle a des avantages qu'on ne doit pas méconnoître. Si ce n'est pas la plus décisive pour la victoire, c'est elle qui la prépare. Il y a même bien des circonstances où c'est la seule qui puisse agir. D'ailleurs, en tout pays, elle est aujourd'hui l'Arme de l'Infanterie. Il ne faut donc pas négliger de tirer de cette Arme, devenue nécessaire, tout le parti dont elle est susceptible. Eh! pourquoi

négligerions-nous ſes effets, ſi, non-ſeulement ils peuvent ſe concilier dans
toute leur plénitude avec les effets
puiſſansde l'Arme blanche, mais encore
ſont très-propres à les ſeconder?

M. Deménil-Durand, qui a mitigé
les idées outrées de Folard, mais qui
n'eſt pas tout-à-fait exempt lui-même
du défaut de ſon prédéceſſeur, M. Deménil-Durand n'a pas, ce me ſemble,
aſſez ſenti combien l'ordre de profondeur peut recevoir de protection, de
ſecours & d'appui du feu de l'ordre
déployé. La charge de ſes colonnes
n'eſt ſoutenue & préparée que par des
eſcarmouches de quelques grouppes de
Grenadiers & Chaſſeurs; tandis qu'elles
reçoivent tout le feu des lignes pleines
de l'armée ennemie. C'eſt mettre trop
au haſard le ſuccès de ſon attaque. Il
ſeroit à craindre que les colonnes ne
fuſſent intimidées, peut-être entamées
& rompues par des décharges réitérées
auxquelles on n'oppoſeroit preſque rien,

car le feu des Grenadiers & Chasseurs
qui forment le rideau des colonnes,
doit être compté pour bien peu. Croit-
on que ces Grenadiers & Chasseurs,
marchant éparpillés contre l'armée
ennemie, à travers des décharges rou-
lantes, tireront avec bien de l'assurance?
Auront-ils même assez de fermeté pour
soutenir un combat si inégal; & leur
dispersion, qui laissera les colonnes
dans une nudité absolue, ne pourra-
t-elle pas entraîner la fuite des colonnes
mêmes?

Supposons que, malgré l'enlèvement
de ce rideau, elles aient l'audace d'a-
vancer. Alors, rien ne les voilant à
l'ennemi, ne dirigera-t-il pas contre
elles tout le feu de son Artillerie &
de sa Mousqueterie avec trop de lumière, & vraisemblablement avec trop
de succès? Je ne crois pas que les ravages du canon dans la colonne soient
tels qu'on s'est plu à les dépeindre. Je
présume même, vu la petitesse du front,

& la légèreté de marche de celles de M. Deménil-Durand, que peu de boulets pourroient les toucher. Mais je crois avec l'Auteur de l'Essai de Tactique, qu'un certain nombre d'hommes tués à la tête d'une colonne suffiroit pour la désordonner, & peut-être pour la dissiper : tant à cause de l'embarras qu'ils y feroient, que de l'impression que pourroit produire ce spectacle, qui n'échapperoit à personne.

C'est, en conséquence, de ces diverses considérations que le rideau dont M. Deménil-Durand couvre ses colonnes, me paroît très-insuffisant. Eh! pourquoi, d'ailleurs, ne point user de tous ses moyens, de toutes ses ressources? C'est sur l'Arme blanche assurément que je crois qu'on doit fonder la principale espérance du succès. Mais je crois en même-tems que le feu doit y concourir par tout ce qu'il a de puissance ; & pour joindre ses effets à l'action de colonnes, voici

l'ufage que je lui affignerois dans l'opération d'une Bataille.

D'accord avec M. Deménil-Durand
fur l'emploi des Chaffeurs ; je les ré-
pands en avant, ou fur le flanc des
colonnes. Quant aux Grenadiers, j'avoue
que j'aurois du regret de n'en faire
que des efcarmoucheurs. J'aime bien à
voir cette Troupe impofante & intré-
pide formant la tête d'une colonne (1).
Ils feront donc la première divifion
des colonnes. Mais je ne réduits point
celles-ci à la fimple protection de quelques Fufiliers épars (2). Je leur donne

---

(1) J'ai fouvent réfléchi avec furprife fur le trifte
emploi qu'on fait de ces Hercules , & le peu de parti
qu'on en fait tirer. A quoi bon cette ftature coloffale,
tant de valeur & tant de force, s'il ne s'agit que de
toucher la détente d'un fufil ?

(2) Pour épaiffir fon rideau, M. Deménil-Durand
nous fuggéra un moyen ; c'eft de prendre dans la
feconde ligne , s'il y en a , ou dans les portions
refufées de la première, un renfort de Grenadiers
& Chaffeurs. Mais cette opération préalable confu-
mera du tems , & pourra être exécutée fans difcer-
nement. Ces Grenadiers & Chaffeurs feront peut-être

pour rideau une ligne pleine, qui op-
pofera à l'ennemi un feu égal au fien.
Entrons dans quelque explication.

Je fuppofe l'Armé fur deux lignes,
avec une réferve qui fera la troifième.
Ces trois lignes feront formées, primitivement, en ordre de colonne, pour
marcher & manœuvrer. Mais leur difpofition de bataille étant prife, la première ligne fe déploiera (1) & enga-
gera avec l'ennemi un combat régulier
de moufqueterie. C'eft à la faveur de ce
mafque & fous la tutelle de ce feu,

___

pris dans des parties que la tournure du combat rendra
agiffantes. Un fyftême de Tactique, fans rien laiffer
à l'arbitraire du côté des principes, doit fournir dans
fa méthode fondamentale tous les moyens de vaincre.

(1) Il m'arrivera rarement de le déployer en
entier, à moins que fous cette forme, elle ne fe
trouve, par la nature du terrein, moins expofée
au canon de l'ennemi, ou qu'il ne s'agiffe de mafquer
quelque grand mouvement. Mais la plupart du tems
je ne déploierai de cette première ligne même, que
les portions qui devront faire feu ; le refte, laiffé
en colonne, fera bien mieux difpofé à tout évènement.

qu'après

qu'après un certain nombre de décharges qui auront produit quelque vuide & quelque désordre dans l'Armée ennemie, je menerai mes colonnes au combat. Elles passeront aisément par l'intervalle des Bataillons déployés (1); & c'est de là qu'elles déboucheront, fraîches & entières, pour fondre sur l'ennemi, qui, fatigué de tirer, ne pourra leur opposer qu'un feu bien peu dangereux, si même il a le courage de les attendre.

C'est par cette combinaison, bien

_____

(1) Je suppose qu'il n'y a point d'Artillerie dans ces espaces, parce qu'en effet il ne devroit jamais y en avoir. Le canon marchant en ligne avec les Troupes, appesantit tous leurs mouvemens, leur ôte toute confiance en elles-mêmes ; & s'il faut ensuite se séparer de cette Artillerie, elles se croyent perdues. Au reste, si l'intervalle ordinaire des Bataillons étoit occupé par de l'Artillerie, il n'y auroit qu'à faire cet intervalle plus grand, & remplir par des Chasseurs la place ménagée pour le passage des colonnes, en attendant l'instant de leur arrivée ; car il faut s'interdire toute espèce de manœuvre sous le feu de l'ennemi.

H

fimple, de l'Ordre étendu & de l'Ordre folide, qu'on tirera de l'un & de l'autre tous les avantages qu'ils peuvent rendre, combinaifon qui réunit dans leur entier les effets du jet & du choc, & met en action toutes les forces d'une Armée. Je ne puis croire qu'une idée fi naturelle ne fe foit offerte à bien d'autres; & je l'en crois d'autant plus jufte. M. Deménil-Durand dira qu'avec fes feules colonnes & leur rideau, il eft fûr de la victoire. Mais peu de perfonnes partageront avec lui cette ferme confiance; & je lui demanderai fi ces mêmes colonnes, leur marche couverte par une ligne pleine, & leur charge précédée d'un combat de moufqueterie, n'auront pas un fuccès encore plus affuré. Je demanderai aux partifans de l'Ordre mince, à leur tour, fi la feconde ligne, comme je l'emploie, ne contribuera pas plus à la victoire, que déployée & immobile derrière la première, ou bien traverfant cette pre-

mière ligne pour se développer ensuite,
& perdre son tems & son sang dans
une tirerie qui ne doit décider de rien,
au lieu de tomber sur la ligne ennemie,
délabrée, harassée, & si évidemment
incapable de résistance?

Les combinaisons de l'Ordre mince
avec l'Ordre profond peuvent se varier
à l'infini. Mais dans ce nombre, il faut
en adopter une, & s'y fixer. Quelques
personnes ont proposé de placer des
colonnes dans la ligne des Bataillons
déployés. Mais le mouvement des deux
ordres est trop différent. L'un se
traîne, l'autre court. Les colonnes
enchassées ainsi dans l'Ordre déployé,
assujetties à la lenteur de sa marche,
& n'étant couvertes par rien, auroient
beaucoup & long-tems à souffrir. C'est
alors que l'ennemi, qui sauroit bien les
distinguer, pourroit y faire du ravage.
Ces corps solides, qu'on doit soustraire
au feu le plus long-tems possible, risque-
roient d'être rompus avant d'arriver à

l'Armée ennemie, ou du moins de se trouver trop maltraités pour être capables des grands coups auxquels leur destination les appelle ; & peut-être, dans cette progression languissante de l'Ordre déployé, avec une partie de leurs forces, auroient-ils perdu toute leur audace?

Je passe à l'autre question énoncée : quelle est la meilleure espèce d'Ordre profond ?

L'objet de cet Ordre étant de joindre l'ennemi & de l'enfoncer, il doit réunir au plus de légèreté & de force possible, le moins de prise possible au feu de l'Armée ennemie. Voilà pourquoi la forme de colonne est celle qui lui convient le mieux. Je ne fais point ici un traité de Tactique ; & je n'entrerai point dans le détail du nombre des rangs & des files que doit avoir la colonne. J'observerai seulement que s'il faut éviter de lui donner trop de masse, d'où s'ensuivroit l'inconvénient du canon

& celui de la pefanteur, il faut prendre garde auffi de ne lui en donner trop peu, d'où réfulteroit la foibleffe. C'eft, je crois, le défaut de la colonne de M. Deménil-Durand.

On dira, peut-être, que la force de la colonne eft dans fa profondeur, non pas dans fon front; mais fi l'étendue de celui-ci n'ajoute rien à la force de la colonne, on peut donc le réduire à huit, à fix & à quatre files : ce qui feroit abfurde. Il faut que le front d'une colonne foit affez grand pour être capable de fupporter quelque perte, & pour que les Soldats des premiers rangs ne foient pas effrayés de leur petit nombre.

A cela près, la colonne de M. Deménil-Durand me paroît bien entendue, fur-tout pour fon méchanifme central, d'où naît tant de rapidité dans le ployement & le déployement, avantage fi précieux dans une Tactique *mixte*, où les formes ont befoin de s'étendre &

H iij

de se resserrer d'un moment à l'autre (1).

La colonne doit-elle marcher au combat avec distance entre les fractions qui la composent, ou sans distance ? Dans le premier cas elle s'al-

---

(1) Qu'une ancienne Ordonnance ait donné ou non à M. Deménil-Durand l'idée de cette méthode, elle n'en est pas moins excellente, puisqu'elle abrège de deux tiers la durée de la manœuvre, & qu'à la guerre, le point essentiel est d'épargner du tems. Au reste, à l'occasion du mot *mixte* que je viens d'employer, j'observerai, pour répondre à ceux qui ne peuvent souffrir d'entendre parler d'une Tactique mixte, que tant que le Soldat sera armé comme aujourd'hui, d'un fusil & d'une bayonnette, qu'il réunira l'Arme de jet & l'Arme de choc, il en résultera nécessairement un ordre mixte analogue à cette Arme double. Le système de M. Deménil Durand, ainsi que le système reçu, sont mixtes, puisque dans certains cas, vagues, il est vrai, & indéterminés, l'un emploie l'Ordre déployé, & l'autre l'Ordre profond. Mais le défaut de ces deux systèmes est d'être habituellement exclusif, & de laisser une des deux Armes oisive & inutile. Au lieu que celui que je propose partant de l'Ordre profond & y retournant, comme Ordre fondamental, réunit dans sa disposition habituelle de combat, le concours & la force des deux Ordres.

longe, donne plus de prife aux feux
obliques de l'ennemi, & devient incapable de défenfe fur fon flanc. Mais
fi elle fe ferre dans toute fa profondeur, comme le veut M. Deménil-
Durand pour l'inftant du choc, le
défordre de la première Divifion peut
fe communiquer à toute la maffe, &
fi cette première Divifion eft rompue,
il eft à craindre que la colonne entière
n'ait le même fort. Ne préviendroit-on
pas ces divers inconvéniens, en pra-
tiquant un intervalle feulement entre
la première & la feconde moitié de la
colonne, chacune de ces deux moitiés
reftant en maffe? Par ce moyen fi la
première moitié, trop endommagée,
étoit mife en déroute, la feconde entière & en ordre, fuffiroit pour percer
la ligne ennemie.

Dans quel mouvement la colonne
doit-elle aller à la charge? Avec toute
la vîteffe qui peut s'unir à l'ordre. Je
dirois, même, qu'à deux cents pas de

l'ennemi elle devroit prendre la courſe; ſi nos Soldats y étoient exercés. Pourquoi jetter du ridicule ſur ce qui peut être ſi utile à la Guerre? Pourquoi nos Soldats ne courroient-ils pas, puiſque les Soldats légionnaires, bien plus chargés, pouvoient courir? Pourquoi, enfin, nier la poſſibilité de ce qui a exiſté en fait parmi nous? N'a-t-on pas vu au camp de Compiègne, un Régiment manœuvrer dans le meilleur ordre, au pas de courſe, pendant plus d'une heure (1)? Il ne s'agiroit ici que de ſoutenir ce mouvement l'eſpace d'une minute.

Avant qu'on eut appris à la Cavalerie à galopper en muraille, on ne le croyoit pas poſſible. Eſt-il plus difficile à des hommes qu'à des chevaux de courir allignés, ſur-tout ſur un auſſi petit front que celui d'une colonne? Si le ſecret

_____

(1) Le Régiment de Chartres.

de la victoire eſt dans les jambes, comme l'a dit le Maréchal de Saxe, n'eſt-il pas bien étonnant que le pas de courſe ſoit proſcrit de l'Infanterie (1) ?

Après avoir conſidéré la Tactique en elle-même, il me reſteroit à l'enviſager dans ſes rapports avec les diffé-

_____

(1) Si dans beaucoup d'occaſions, à la guerre, le pas de courſe eſt uſité & néceſſaire ; ſi quelquefois le gain d'une Bataille tient à cette rapidité de mouvement, il faut y exercer les Troupes pendant la paix ; il faut l'établir en principe. Il faudroit bien auſſi donner une meſure plus vive à notre pas ordinaire, beaucoup trop lent encore, quoique la dernière Ordonnance l'accélère d'un ſeptième. Le pas ordinaire devoit être de 90, celui-là même qui eſt établi pour pas de route ; c'eſt en effet le pas ordinaire de tout homme qui n'eſt ni caduc ni infirme. On ſe tromperoit fort de croire qu'un pas lent eſt plus commode & plus favorable à l'ordre. Rien, au contraire, n'eſt ſi fatigant ; parce qu'il faut continuellement réſiſter à l'impulſion habituelle de la machine ; & , quant à la régularité de la marche, elle eſt bien plus compatible avec un mouvement naturel qu'avec un mouvement contraint.

Je ferai encore une remarque relativement au pas. On s'eſt donné beaucoup de peine, pendant la

rentes branches de la Guerre, à comparer les deux systêmes à ces divers
égards, à examiner si l'Ordre profond,
si souple, si maniable, si docile à toutes
les modifications, n'est pas préférable à
l'Ordre mince, relativement à la cas-

---

paix , pour habituer les Troupes à marcher en ca-
dence à la muette ; & l'on croit avoir obtenu un
grand point, parce qu'on est parvenu à les faire
marcher ainsi sur un terrein d'exercice. Mais cela
est absolument impossible à la Guerre. Comme le
retentissement du sol sur lequel on marche peut
seul maintenir la mesure ; si le terrein est herbeux
ou labouré, ou s'il se fait le moindre bruit, la
mesure se perd ; & l'on a pu remarquer, aux exercices journaliers , qu'une bouffée de vent suffit pour
y mettre obstacle. C'est donc une puérile extra-
vagance que cette marche à la muette, dont on
s'est si sérieusement occupé pendant vingt ans. S'il
pouvoit y avoir d'ensemble de pas à la Guerre,
ce ne seroit qu'à l'aide des instrumens. Mais le
bruyant fracas de nos Batailles & l'étendue d'un
Régiment rangé dans le systême mince, peuvent-
ils nous permettre de marcher au combat à la ca-
dence des instrumens, comme on le raconte des
Lacédémoniens. Cela ne seroit praticable, tout au
plus que dans l'ordre en colonnes.

tramétation, aux fubfiftances, à la dé
fenfe d'une pofition, à la confervation
d'un pays. Il me refteroit, fur-tout, à
confronter les deux Ordonnances, eu
égard à la différente nature des pays
& des lieux ; à mettre le Lecteur à portée
de décider fi celle qui ne peut fe paffer
d'appui à l'un & à l'autre de fes flancs,
qui eft perdue, fi elle s'en fépare un
inftant, pour qui une campagne rafe eft,
comme pour un naufragé, une mer fans
vaiffeau & fans rivage; fi cette Ordonnance, dis-je, vaut mieux que celle qui,
par-tout, fait fe défendre, par-tout, eft
forte par elle-même; libre, par conféquent, fur le choix de fes pofitions,
fur le choix de fa route, fur le choix
du théâtre de la Guerre; qui fe plie
à la défenfive comme à l'offenfive; qui,
enfin, eft capable de tout ce qui eft poffible à l'autre, & peut ce qui eft impoffible à fa rivale. Mais l'examen de ces
nouveaux objets me meneroit trop
loin, relativement au plan que je me

fuis tracé. Il me fuffit d'avoir éclairci &
fixé, autant qu'il a été en moi, les
points principaux de l'importante difcuffion qui, depuis long-tems, divife
le Militaire de l'Europe; car il eft bon
d'apprendre à ceux qui peuvent l'ignorer, que dans l'Allemagne même, où
les partifans de l'Ordre mince vont fans
ceffe chercher leurs autorités, l'Ordre
profond balance au moins les voix parmi
les Militaires inftruits.

Au refte, je ne crois pas néceffaire de
montrer la convenance particulière de
cet ordre avec le génie de notre
nation. Cette convenance eft trop fentie
pour avoir befoin d'être prouvée. Prétendre qu'il faut à une nation vive un
ordre propre à la défenfe, & qu'un ordre
propre à l'attaque convient plutôt à
un peup'e phlegmatique, ce ne feroit
pas là un paradoxe, mais une abfurdité
qui fe réfuteroit affez d'elle-même.

Je terminerai ce Chapitre par une
réflexion importante. Le meilleur moyen

de ranimer le courage, presque éteint, est de rappeller les Troupes au combat de l'Arme blanche : sans quoi cette première vertu militaire, que tant de causes conspirent à détruire chez les nations de l'Europe, sera bientôt anéantie, & nos Armées n'offriront que des lâches troupeaux à égorger au Peuple vraiment guerrier, qui, ne s'en laissant point imposer par le vain bruit de leurs Armes à feu, osera les combattre de près.

***

J'apprends qu'il va paroître un livre nouveau de Tactique Prussienne, sous le titre de *Manœuvres de Postdam*. Cet Ouvrage, qui sera relevé de beaucoup de magnificence typographique, est annoncé, dans son Prospectus comme le recueil des véritables manœuvres du Roi de Prusse. Voilà de quoi exalter plus que jamais la tête de nos faiseurs,

& peut-être de quoi entraîner le Gouvernement lui-même.

Eh quoi! ne cefferons-nous point
d'être humbles copiftes des Etrangers,
nous qui leur fervions auparavant de
modèle? Dans vingt millions de François, n'en eft-il pas un feul capable de
compofer une méthode de manœuvres
pour l'Armée Françoife? Faut-il que
ce foit toujours le Roi de Pruffe qui fe
charge de ce foin; ou plutôt quelque avide
charlatan, qui mêle fes folles rêveries aux
Ordonnances du Monarque Pruffien (1).
Je vais proférer un horrible blafphême.
Le fyftême de Tactique que nous fui-

_____

(1) Il n'eft pas d'idée extravagante, foi-difant
venue de Pruffe, qui n'ait été accueillie parmi nous
avec diftinction, avec récompenfe, & adoptée fans
balancer. Qu'on fe rappelle l'arlequinade des hommes
d'ailes, & tant d'autres abfurdités abandonnées aujourd'hui par inconftance, plutôt que par raifon,
puifqu'elles ont été remplacées par des méthodes non
moins ridicules, conme, par exemple nos moyens
d'alignement & de point de vue.

vions, il y a quarante ans, époque
où les Bataillons étoient encore à quatre
de hauteur, où les Officiers & les bas
Officiers, munis d'Armes de longueur,
formoient un premier rang à la tête
du Bataillon, & ne quittoient cette
place que pour l'inftant du feu, ce
fyftême valoit beaucoup mieux, malgré
fes défauts, qu'aucun de ceux qui fe
font fuccédés fi rapidement depuis;
mais fur-tout infiniment plus que celui
d'à-préfent. Juftifions cette affertion.

Les manœuvres d'un Régiment, qui
devroient être la fimplicité même,
font, dans ce fyftême, tellement com-
pliquées, que leur exécution, après
une longue pratique, eft difficile même
fur le terrein & dans la tranquillité
d'un exercice. Elles exigent de la part
des Officiers, une multiplicité, une
variété d'attentions abfolument impof-
fibles à la Guerre, & qui, d'ailleurs,
les détournent entièrement du foin fi
effentiel de s'occuper de leur Troupe.

A ce vice d'une grande complication
se joint celui d'une extrême lenteur,
produite par la triple répétition de
chaque commandement, par la fré-
quence des alignemens, par la navète
continuelle des Chefs de peloton & de
division, par le grand nombre d'ar-
ticulations dont chaque manœuvre est
composée, & par toutes les opérations
accessoires qui la précédent, l'accom-
pagnent & la suivent.

Ajoutez à ces deux grands défauts
celui du danger continuel, né d'abord
de ces défauts même : en second lieu,
de la foiblesse, de l'impuissance insépa-
rables d'une Troupe qui présente toujours son flanc : & enfin de ce mor-
cellement, de cet éparpillage par lesquels tout mouvement s'exécute dans ce
système.

Que dirai-je de cet échaffaudage
puérile dont on soutient chaque manœuvre ? comme si de pareils moyens
étoient praticables à la Guerre ! Comme

s'il

s'il ne feroit pas même infenfé de s'en
occuper devant l'ennemi! On convient
que rien de tout cela ne fera obfervé
dans une Bataille. Eh! pourquoi donc
confumer à ces frivolités tant de mo‑
mens précieux? N'eft‑ce point tranf‑
former en jeux d'enfant les exercices
militaires qu'on pouvoit rendre fi utiles?
Au furplus, la perte du tems n'eft pas
le feul mal qui réfulte de ces futiles mé‑
thodes. L'habitude de n'opérer qu'avec
elles les rendra néceffaires, & lorfque,
dans les combats, les Troupes feront
privées de ces moyens artificiels, elles
tomberont dans le défordre, comme
un enfant qu'on feroit toujours marcher
avec des lifières, ne fauroit plus aller
fans ce fecours.

Je ne parlerai en particulier d'au‑
cune manœuvre de ce fyftême: ni de
ces changemens de front d'une fi
exceffive pefanteur: ni de ces mou‑
vemens centraux fi évidemment inexé‑
cutables devant l'ennemi: ni de ce paffage

I

de lignes auſſi impoſſible en pareil cas : ni de cette colonne contre la Cavalerie , que la Cavalerie auroit tout le tems d'exterminer, &c. &c. (1).

La conſéquence que je tire de la diſcuſſion où je viens d'entrer, eſt que cette manie d'imitation dont nous ſommes poſſédés depuis près d'un demi-ſiècle, n'a ſervi qu'à nous égarer de plus en plus ; & cette réflexion doit nous prémunir un peu , contre l'enthouſiaſme que cherchent à exciter d'avance , en faveur des manœuvres

_____

(1) Après avoir jetté ce coup d'œil ſur le ſyſtême de nos manœuvres, qu'il me ſoit permis de dire un mot touchant leur rédaction. Elle n'eſt ni aſſez méthodique, ni aſſez conciſe, ni aſſez claire. Ces qualités néceſſaires à tout ouvrage didactique, doivent appartenir ſur-tout à une Ordonnance Militaire, deſtinée à des hommes peu accoutumés, en général , à la contention d'eſprit. La diction, d'ailleurs , en eſt beaucoup trop négligée; la langue y eſt trop peu ménagée. Chaque genre a ſon éloquence. Un Code a la ſienne ; & la loi, ſoit qu'elle inſtruiſe, ſoit qu'elle commande, doit s'exprimer purement & avec dignité.

véritables ou fuppofées de Poftdam,
les éditeurs de cette compilation :
nous engager à penfer par nous-même
à ce qui mérite bien autant de nous
intéreffer que tant de bagatelles qui
nous abforbent ; à nous fervir de nos
lumières & de notre génie pour nous
former des principes dans l'art redoutable qui difpofe de tout fur la terre ;
au lieu de nous affervir par une indolence honteufe, ou une admiration aveugle, aux ufages d'un Peuple étranger.

Rien qui dégrade autant une Nation,
qui l'affoibliffe auffi réellement, que
cette imitation fervile d'une autre Nation. J'ofe prédire ici à la mienne,
qu'elle ne recouvrera fa gloire, que
lorfqu'elle fera rendue à fon génie ;
lorfqu'on aura affranchi fa conftitution
Militaire de l'Efprit étranger qui la
domine & la fubjugue : car enfin, les
Peuples, ainfi que les particuliers,
ne fauroient avoir de la grandeur,
en fortant de leur caractère.

CHAPITRE IX.

Des Armes offensives & défensives.

SUPPOSONS que les Grecs ou les Romains eussent découvert la poudre; cette invention dans leurs mains eut-elle fait dans l'Art Militaire la même révolution qu'elle a produit de nos tems? Auroient - ils réduit leurs Phalanges & leurs Légions à trois hommes de hauteur, répandu leur ordre de Bataille dans une étendue de quatre mille toises, renoncé à l'usage de l'Arme de main, qui donne la victoire au plus vaillant, pour employer uniquement une Arme qui lance ses traits au hasard à deux cents pas, & met le brave à l'égal du poltron? Comment se persuader que ces Peuples, valeureux & sages, eussent adopté les méthodes que nous suivons, & que

la même découverte les eût conduits
au même résultat?

N'est-on pas fondé à croire que la
préférence exclusive qui a été donnée
à l'Arme à feu, & le système de Guerre
qui en est résulté, sont bien moins
l'effet d'une discussion éclairée (1),
que de la décadence du courage? On
se confirme dans ce sentiment, en
suivant l'historique de cette Arme,
qu'on voit progressivement prendre
faveur à mesure que l'héroïsme dimi-
nue, & devenir enfin la seule lorsqu'il est absolument évanoui.

_____

(1) D'homme à homme le Fusil est plus redoutable que l'Arme blanche; car il atteint de plus
loin, & ses blessures sont plus dangereuses. Il n'en
est pas de même si on le considère comme Arme
de Bataille. Premièrement, ses coups sont alors
fort incertains, parce que son exécution se fait
& doit se faire de loin, par la raison que le tems
qu'exige sa recharge, est un tems de foiblesse &
d'impuissance, pendant lequel on seroit exterminé
si l'on étoit près de l'ennemi. En second lieu,
ce laps de tems nécessaire pour recharger l'Arme

Le bruit de nos Armes à feu n'auroit-il pas aussi contribué à l'adoption
qu'elles ont obtenue, & ne leur au-
roit-on pas machinalement attribué
une puissance proportionée à l'éclat
de leur détonnation? Ce doute ne
paroîtra pas sans fondement à ceux
qui savent combien, chez la plupart
des hommes, le jugement est offusqué
par les sensations.

Mais le Fusil, muni de la Bayonnette, deviendra une bonne Arme,
lorsque cette Arme composée aura

à feu, rend ses coups très-rares, comme je l'ai
déjà remarqué, en comparaison des coups de
l'Arme blanche dont l'action n'est jamais suspendue.
Mais le plus grand vice de l'Arme à feu, est
que sa préparation & son exécution exigent le
repos, tandis que ce n'est qu'en avançant qu'on
gagne les Batailles. Il suit de ces diverses considérations, que le Fusil envisagé en lui-même,
& séparément de la Bayonnette dont on ne fait
plus d'usage dans les combats, est de toutes les
Armes la plus méprisable pour la Guerre, &
qu'un système de Tactique tout fondé sur elle,
ne peut être qu'un système faux.

la longueur qu'elle doit & qu'elle peut
avoir. Telle que nous l'avons, elle
n'atteint point la Cavalerie, & n'op-
pofe à l'Infanterie que l'action d'un
feul rang. La Bayonnette Pruffienne
eft beaucoup plus longue que la nôtre,
quoiqu'elle ne le foit pas encore affez.
Par quelle fatalité avons-nous copié
du Roi de Pruffe ce qui ne convient
point à notre génie, & n'avons-nous
pas imité ce qui peut lui convenir ?
Comme la Bayonnette ne doit être
mife au bout du canon que pour l'inftant du choc, il n'y auroit pas d'inconvénient de lui donner beaucoup
plus de longueur.

Voilà le changement qu'on eut dû
faire lorfqu'on a fupprimé le refte
des Armes longues, fuppreffion funefte
à la France, l'une des principales caufes, n'en doutons point, de la foibleffe & des défaftres de nos Armées
dans la Guerre de la fucceffion. Ce
fut Vauban, trop épris du fyftême

I iv

du feu, auquel il rapportoit tout ;
qui connoiſſoit l'art particulier de l'Ingénieur plus que le grand Art de la
Guerre, & ſur-tout, plus que le caractère national ; ce fut Vauban qui con-
ſeilla à Louis XIV l'entière abolition
de la Pique. Avec elle nos Soldats
parurent avoir perdu leur énergie &
leur audace. Tandis que l'ardeur de
leur ſang les excitoit à joindre l'ennemi, on les enchaîna à leur place,
pour recevoir & rendre des coups de
Mouſquet. Leur chaleur ſe tourna en
impatience. Avertis par l'inſtinct de
l'erreur de leurs Chefs, ils les mépri-
sèrent ; & perdant l'eſpoir & juſqu'au
zèle de la victoire, ils ne ſongèrent
plus qu'à ſauver leur vie.

L'Eſponton étoit demeuré à l'Officier, & la Hallebarde au Sergent. On
a aboli l'un & l'autre au commencement de la dernière Guerre ; comme
ſi l'on eût craint de laiſſer aux Troupes quelque deſir d'aborder l'ennemi.

Dans les autres Armées de l'Europe, les Officiers font armés d'Efponton. En Pruffe, l'Arme de longueur eft entre les mains & de l'Officier & du bas-Officier; contrafte avec notre ufage qui fournit une nouvelle preuve de l'efprit d'aveuglement avec lequel on a imité les méthodes Pruffiennes. Eh! que veut-on faire de l'Arme à feu dans les bras de l'Officier qui ne peut & qui ne doit pas s'en fervir (1)?

---

(1) Il ne peut s'en fervir, parce que fa place eft derrière la ligne pendant les feux; il ne le doit pas, quand il le pourroit, parce que la préparation & l'exécution fi lentes & fi délicates de cette mauvaife Arme, exigeant tout le tems & tout le foin de celui qui la manœuvre, il ne feroit plus poffible à l'Officier de commander, ni de furveiller fa troupe. Remarquez encore, que fon Fufil & fa Bayonnette étant beaucoup plus courts que le Fufil & la Bayonnette du Soldat, cette Arme compofée, lui eft auffi inutile en qualité d'Arme blanche, que d'Arme à feu; car, dans l'action du choc, fon corps feroit traverfé par l'Arme oppofée, avant que la fienne n'éfleurât l'ennemi. On ne peut donc concevoir

Lui ménager une défenſe pour l'occaſion? Mais en ſuppoſant que le Fuſil
ſoit pour l'Officier, inviduellement
conſidéré, une meilleure défenſe qu'un
Eſponton de dix pieds, armé d'une
pointe bien trempée, eſt-ce de pareilles
conſidérations qu'un Légiſlateur doit
s'occuper? Imaginez un Bataillon dénué
de toute Arme de longueur, en face
d'un autre dont le front en eſt plus
ou moins hériſſé. Qui des deux attaquera avec plus de confiance? Qui des
deux, ſuivant toute probalité, rompra
le Bataillon ennemi? C'eſt cet intérêt
important & général, non des cas
particuliers qu'il faut voir pour décider
la queſtion (1).

---

l'abſurde fantaiſie qui a fait ôter à l'Officier
l'Arme de longueur pour lui en donner une, dont
il ne ſauroit faire uſage dans aucun genre de
combat.

(1) Je l'ai dit ailleurs : la fin que toute méthode
militaire doit ſe propoſer, c'eſt la victoire. Il
s'agit bien ici de votre ſûreté perſonnelle, à
vous Officiers! Conſidérer la queſtion ſur ce

A l'égard de l'Arme de la Cavalerie, une Epée longue & à trois quarts me paroît supérieure au Sabre & à l'Epée tranchante. Si vous donnez au Cavalier une Arme à pointe & à tranchant, c'est le dernier qu'il emploiera de préférence, parce que l'usage du taillant le met dans une attitude propre à se couvrir. En vain vous lui donnerez

---

rapport, c'est évidemment prendre le change ; mais à cet égard même on prouveroit aisément, s'il n'étoit superflu, indécent même, d'entrer dans cette discussion, qu'il est communément plus avantageux à l'Officier d'avoir dans les mains une Arme de longueur, qu'un Fusil.

Observez, au reste, que la même constitution qui présente l'Officier au combat de l'Arme blanche, pour ainsi dire désarmé, a pris grand soin de le mettre à couvert au combat du feu, durant lequel elle le place tout à fait derrière les rangs. Enfin on a fait dans ce tems-ci tout ce qui pouvoit rester à faire pour ôter aux Troupes Françoises toute tendance vers le genre de combat le plus avantageux en lui-même, ainsi que le plus analogue à leur génie ; & pour les enchaîner invinciblement à cette Mousqueterie, où le plus flegmatique doit évidemment avoir la supériorité.

pour principe de combattre de la pointe ; dans la chaleur de l'action se souviendra-t-il seulement que vous lui en aurez parlé?

Observez, d'ailleurs, que l'Epée sans tranchant n'ayant pas besoin d'être si massive, pourra recevoir plus de longueur, avantage précieux dans l'usage actuel de charger en muraille.

Le même usage ne devroit-il pas faire rendre la Lance à la Cavalerie? Cette Arme inférieure, sans doute, pour la mêlée, au Sabre & à l'Epée, n'est-elle pas plus avantageuse pour le choc? Il paroît donc que si l'on eut raison autrefois de la quitter, on seroit aussi fondé aujourd'hui à la reprendre. On pourroit du moins, par essai, établir dans quelques Régimens un escadron de Lanciers ; & il est à croire que l'épreuve à la Guerre seroit heureuse.

Il me reste à parler de l'Arme défensive. Elle ne convient plus à l'Infanterie, foumife à l'action du feu contre qui l'armure eft impuiffante : mais pourquoi ne conviendroit - elle pas à la Cavalerie, fi le fer de l'ennemi bleffe & tue aujourd'hui comme autrefois ? La vélocité, dit-on, eft la propriété la plus précieufe de la Cavalerie ; il faut donc, en l'allégeant le plus poffible, lui ménager cette propriété. Mais il ne fuffit pas que la Cavalerie puiffe courir. Il faut qu'elle veuille courir à l'ennemi ; & fi cet ennemi eft remparé de fer, tandis qu'elle eft nue, cette comparaifon ne pourra-t-elle pas rallentir fa courfe plus que n'eût fait le poids d'une Cuiraffe ? Suppofons, néanmoins, qu'elle ofe fe mefurer avec lui ; foutiendra - t - elle long-tems un combat fi difparate, & ne fera-t-elle pas ufage de fa légèreté pour quitter le champ de Bataille ?

Il ne s'agit pas, comme autrefois, d'enfermer le Cavalier dans une boîte de fer, dont la péfanteur écrafoit &

l'homme & le cheval. Mais l'autre
extrêmité est-elle moins insensée? Par
quelles raisons pitoyables on veut la
justifier! Est-ce un poids de quinze
livres de plus qui ôtera à la Cavalerie
sa célérité? D'ailleurs, si cette qualité
lui est nécessaire, la fermeté l'est-elle
moins? Il y a plus : une célérité extrême
seroit vicieuse, en ce qu'elle est in-
compatible avec la régularité qu'exige
la charge en muraille; & qu'elle donneroit lieu à beaucoup d'accidens in-
dividuels dont la masse seroit nécessairement dérangée.

Le Plastron, ou demi-Cuirasse,
laisse au cheval toute sa légèreté, &
à l'homme toute sa liberté. Cette armure a, d'ailleurs, ceci de particulier;
c'est que si elle est une défense pour
l'homme qui présente la face à l'ennemie, elle cesse de l'être pour celui
qui tourne le dos; & si on devoit supposer un dégré de vîtesse de moins
à la Cavalerie qui en est revêtue, ce

feroit pour elle une raiſon de plus de
tenir ferme ; car tout l'avantage ſe
trouve de ſon côté dans le combat,
& tout le déſavantage dans la retraite.

Parlerai-je d'une objection encore
plus frivole contre la Cuiraſſe , fort
incommode , dit - on , pendant toute
une campagne , pour n'être utile qu'un
jour de combat? Mais autant on en
pourroit dire de l'Arme propre à
chaque eſpèce de Troupe, autant de
l'univerſalité des choſes qui ſervent
à la Guerre. On s'étonnera , peut-
être , que je réfute ces objections
puériles , mais elles ont été faites
très-ſérieuſement dans un écrit publié
de nos jours.

CHAPITRE X.

De l'Instruction.

L'USAGE de retenir les Troupes
sous les drapeaux, tout le temps de
la paix, devroit au moins produire
un bien : celui d'une parfaite Instruction
qui, les préparant efficacement pour
la Guerre, seroit une compensation
heureuse des frais immenses de leur
entretien. Mais que le système qu'on
suit à cet égard, est loin de procurer
cet avantage !

Qu'apprend-on à nos Régimens ?
à exécuter sur une esplanade quelques
manœuvres individuelles & élémentaires ;
voilà tout : & c'est pour parvenir là-
dessus à une perfection aussi impossible
que frivole, qu'on excède le Soldat
d'ennui & de dégoût, qu'on lui fait

prendre

prendre son état en aversion (1) ;
tandis qu'on le tient dans une inha-
bitude absolue de tous les travaux, de
toutes les pratiques de la Guerre; qu'on
néglige même de lui enseigner l'usage
utile de cette Arme qu'il a continuellement dans les mains (2).

---

(1) Ces alignemens au cordeau pour lesquels nos
faiseurs se tourmentent si fort ; ces manœuvres si bien
dessinées sur une terrasse, mais si impraticables devant
l'ennemi ; cette immobilité longue & profonde qui fait
tomber à la renverse le malheureux Soldat suffoqué ;
toutes ces choses, qui leur semblent si dignes d'admiration, sont, à mes yeux, des vrais jeux d'enfant,
aux barbaries près, qu'on emploie pour les obtenir.

Il faut de l'ordre, sans doute, mais c'est une
folie d'aspirer, là-dessus, à une précision rigoureuse,
inutile dans la pratique, & vicieuse même par deux
raisons. 1°. Parce qu'on ne peut y parvenir qu'aux
dépens de la célérité, & l'on prend l'habitude
funeste de manœuvrer pésamment. 2°. Parce que
cette précision géométrique étant impossible à la
guerre, tout, alors, paroîtra dans le désordre à des
yeux accoutumés à une régularité minutieuse; &
de l'opinion du désordre naîtra un désordre réel.

(2) Puisqu'on veut réduire toutes les actions
de Guerre au feu, qu'on apprenne donc au Soldat

K

L'Officier vit dans une égale ignorance de ce qu'il lui importe le plus
de connoître. Tirez-le à la Guerre de
cette ligne où il eſt enchaſſé avec ſa
Troupe, il tombe des nues. Qu'il ſoit
chargé d'un poſte, il n'a pas la plus
légère idée de fortification : c'eſt de
lui cependant que peut dépendre le
ſort de l'Armée.

Que dirai-je des Officiers-Généraux
dont l'impéritie entraîne des conſé-
quences bien plus funeſtes ? ni notre
conſtitution, ni nos uſages ne leur
ménagent aucun moyen d'Inſtruction.
Du moment qu'ils quittent leur Régiment, ils ceſſent de voir des Troupes;
où s'ils ſont maintenus en exercice,
c'eſt pour paſſer une revue, & faire
défiler une parade. Eſt-ce donc ainſi

à tirer. En vérité, il y a trop d'inconſéquence de
ne ſe battre qu'au fuſil, & de laiſſer le Soldat dans
une ignorance ſi profonde ſur l'exécution de cette
Arme.

qu'on peut se rendre capable du commandement des Armées?

Les Camps exigent des dépenses
énormes auxquelles la détresse de nos
finances ne permet pas au Gouvernement de se livrer. Il ne reste donc aux
Officiers-Généraux pour s'instruire, que
l'étude du cabinet. Mais des spéculations
qui ne sont pas aidées de la pratique,
ou s'effacent promptement, ou ne
forment que des principes vagues &
incertains.

Je viens de montrer le mal; essayons
d'indiquer le remède. Je commence par
l'instruction particulière des Corps. Ce
n'est, ni dans la cour d'un quartier, ni
sur une place publique qu'ils peuvent
apprendre ce qu'ils doivent savoir; &
d'ailleurs, ces exercices momentanés
laissent les Troupes à toute leur oisi-
veté. Voici, je crois, comme on pourroit remplir le double objet de les
occuper & de les instruire.

Chaque Ville Militaire devroit avoir

à sa portée un terrein acquis ou loué par le Roi, pour servir de théâtre continuel aux divers exercices de la garnison. C'est-là que le Soldat apprendroit à élever un retranchement, à construire une redoute, à creuser une tranchée. C'est à cette école-pratique, dirigée par un Ingénieur habile, que l'Officier acquerroit dans l'art de la Fortification, la portion de connoissances nécessaires au genre de son service. C'est-là qu'Officiers & Soldats seroient instruits à l'attaque & à la défense de toute espèce d'ouvrages. C'est sur ce local mêlé d'inégalités, d'obstacles, &, s'il étoit possible, terminé par une forêt, une rivière, que seroient simulées toutes les opérations de Guerre. C'est enfin sur ce terrein que, pendant toute l'année, les Troupes de la garnison seroient occupées aux différens objets qui doivent entrer dans le plan d'une Instruction bien entendue.

Un établissement de ce genre seroit

moins brillant, fans doute, que celui de l'Ecole Militaire ; mais certainement plus utile & beaucoup moins difpendieux.

Je paffe à l'autre partie du fyftême d'Inftruction que je propofe.

Nos grandes Villes de Guerre, Metz, Lille, Strafbourg, Befançon, &c. ont chacune un établiffement pour dix à quinze mille hommes, ou plus. Tout ce qu'on tranfporte dans les Camps avec tant de frais pour le Roi & de dérangement pour les campagnes, l'Artillerie, les Munitions, les Vivres, les Outils, &c. fe trouvent abondamment en magafin dans ces grandes places. Raffemblez-y tous les ans, vers la fin de l'été, les Troupes du Royaume : chaque Régiment gagnant celle de ces Villes dont il fe trouvera le plus à portée : elles rempliront l'objet d'autant de Camps d'Inftruction. La feule différence fera, qu'au lieu de loger fous la tente, le Soldat couchera dans la caferne, & qu'à la place de plufieurs

millions , il n'en coûtera qu'une somme
modique pour le dommage très-léger
que les terres pourront souffrir , at-
tendu qu'alors la récolte fera faite. Les
Troupes de la garnifon fortiront tous
les jours pendant deux mois , pour être
exercées aux grandes manœuvres. Enfuite chaque Régiment retournera dans
fon quartier , pour revenir l'année fuivante à la même époque. Il eft à croire
que la perfpective de paroître annuel-
lement fur une de ces fcènes publiques
d'Inftruction , d'y recueillir la louange
ou le blâme , les punitions ou les graces , produira & entretiendra dans les
Troupes la plus vive émulation.

Mais c'eft pour les Officiers-Généraux , fur-tout , que ces grandes écoles
feroient d'une utilité inappréciable. Tous
les ans ils viendroient y mettre à l'é-
preuve leurs connoiffances , & en acquérir de nouvelles. Ils auroient le public pour témoin & pour juge de leur
capacité. Eh ! quelle eft l'ame indolente

& baſſe, pour qui cette penſée ne devint un aiguillon ſalutaire ? Mais combien le zèle univerſel ſeroit accrû, ſi le
Souverain honoroit, tour-à-tour, de
ſa préſence les lieux où ſe donneroient
ces utiles leçons de la Guerre ! Quel
encouragement tout-puiſſant & pour
les Troupes & pour les Chefs ! Que
de talens on verroit naître & ſe développer ſous l'influence des regards du
Maître ! le Maître lui-même s'inſtruiroit
à ces écoles : (car les Princes ont beſoin d'apprendre comme les autres
hommes). C'eſt là qu'il acquerroit avec
facilité la théorie d'un Art ſi néceſſaire
aux Rois, puiſque c'eſt lui qui fonde,
ſoutient & renverſe les Empires ; &
l'exemple du Monarque deviendroit,
pour ſon Armée, la plus puiſſante, la
plus fructueuſe des leçons.

CHAPITRE XI.

De la Discipline.

LA Discipline Militaire, considérée dans son acception la plus étendue, est la législation du Guerrier.

Tout système de législation doit être fondé sur la nature du cœur humain, gouverné par deux sentimens : l'espérance qui l'excite, & la crainte qui le retient. C'est au Législateur à toucher à propos ce double ressort. L'un & l'autre furent maniés habilement par les Gouvernemens de ces anciens peuples dont les vertus & les exploits ont laissé sur la terre une mémoire inéfaçable. C'est par l'attrait de l'espérance qu'ils créèrent l'héroïsme, allumèrent l'enthousiasme, développèrent toutes les forces du cœur & de l'esprit dans leur plus grande étendue.

L'usage de cet instrument si puissant

fur l'ame humaine eſt ignoré aujour-
d'hui; on ne ſait plus agir ſur elle que
par la crainte. Auſſi, notre eſpèce eſt-
elle tombée dans un affaiſſement qui
la rend méconnoiſſable. On cherche
l'homme dans l'homme, & on ne le
trouve plus.

Cette grande erreur de la politique
moderne ſe remarque ſur-tout dans
l'Etat Militaire, celui de tous où elle
devoit être la plus funeſte, parce que
c'eſt-là que le cœur a le plus beſoin d'être
exalté. C'eſt dans cette carrière, où
l'homme, obligé à chaque inſtant au
ſacrifice de ſa vie, doit être animé de
paſſions fortes qui ſurmontent l'inſtinct,
qui attache toute créature ſenſible à ſon
exiſtence. Auſſi l'Art Militaire n'a fait
des prodiges que chez les peuples qu'enflammoit une grande paſſion. L'enthouſiaſme de la liberté chez les Grecs; chez
les Romains l'enthouſiaſme de la gloire;
le fanatiſme de Religion chez les Arabes:
voilà la ſource des victoires & des

conquêtes de ces Nations belliqueuses.
Mais celles dont aucune paſſion n'échauffa
le courage, n'ont eu que des ſuccès médiocres & momentanés, dus au génie de
quelque grand homme.

S'il y avoit un peuple moderne diſtingué des autres par le ſentiment de
l'honneur, caractère reconnu par ſes
ennemis mêmes, manifeſté ſouvent par
des traits ſublimes, juſques dans les
hommes du rang le plus obſcur ; caractère enfin qu'on ne pourroit con-
teſter ſans démentir toute l'hiſtoire :
quel ſeroit l'aveuglement d'un Légiſlateur qui fonderoit uniquement ſur la
crainte la Diſcipline Militaire de ce
peuple, qui la fonderoit, dis-je, ſur la
crainte la plus baſſe, la crainte de l'eſclave, de la brute ; & qui, non-ſeulement négligeroit le mobile précieux
dont il eût pu tirer tant d'avantage,
mais travailleroit ſi évidemment à le
détruire ?

Un Officier Général François, attaché

succeffivement au Service de quatre Couronnes; (d'où l'on pourroit préfumer
qu'il n'en a bien fervi aucune) connu
plutôt par les fingularités de fa deftinée
& les viciffitudes de fa fortune, que par
des actions d'éclat; ayant plus d'intrigue
& d'efprit que de talens & de génie,
& dont l'exemple a prouvé qu'il eft bien
plus aifé de parvenir aux grandeurs qu'à
la gloire : cet Officier Général, par une
fuite de la bizarrerie de fon fort, élevé
à l'Adminiftration de la Milice Françoife, dont il étoit transfuge depuis
vingt-cinq ans, crut rendre fervice à la
Nation, ou, peut-être, voulut diftinguer fon Miniftère par une innovation
remarquable, en introduifant la Difcipline Allemande dans notre armée.

De toutes les opérations de ce Miniftre, c'eft évidemment la plus fauffe.
Entrons dans quelque difcuffion.

Une telle innovation, n'eût-elle dû
entraîner d'autre inconvénient que de
révolter tous les cœurs, ne devoit être

faite que fur une néceffité bien dé-
montrée. Mais où étoit cette néceffité?
Des Généraux battus à la dernière
Guerre, imputoient leurs défaites à l'in-
difcipline des Troupes. D'où vient donc
que d'autres Généraux , à la même
Guerre , & avec les mêmes Troupes ,
ont toujours été vainqueurs? Les caufes
du malheur de nos armes, à la dernière
Guerre , font affez connues. Si l'indif-
cipline y contribua, ce n'eft point celle
du Soldat ; par - tout le Soldat a fait
fon devoir , & fouvent fa valeur & fa
fermeté ont réparé des fautes qu'il n'avoit
point commifes. Ce feroit donc une in-
juftice bien odieufe de l'accufer des défaftres dont il n'a été que la victime, &
une méprife bien funefte de le foumettre,
fur cette fuppofition , à des punitions
ignominieufes qui, néceffairement, étoufferoient toutes fes vertus.

La Légiflation Militaire , du moins
quant à la partie de la Difcipline , ne
demande pas moins de lumières & de

philosophie que la Législation Civile; &
M. de Saint-Germain n'avoit qu'une rou-
tine acquise chez les différents Peuples
du Nord où il servit successivement. Trop
peu philosophe pour saisir les nuances
qui caractérisent les Nations, il y avoit vu
mener le soldat par les coups. Il fut machinalement entraîné par ces exemples (1).

Mais, indépendamment de cette juste
horreur d'une Nation magnanime pour
des châtimens si bas, combien de raisons
eussent dû le retenir? Premièrement, la
différence de constitution physique entre
nous & ces peuples. En effet, par le

_____

(1) Voici la raison, l'unique raison par laquelle
M. de S. Germain justifie, dans le réglement de
discipline, l'innovation des coups de plat de sabre.
» Si le Soldat François a de l'horreur pour les
» châtimens de ce genre, ce sera pour lui un
» motif de ne point les mériter ». Eh quoi ! Législateur sophistique ! vous établissez cette punition
pour les fautes les plus légères, pour ces fautes dont il
n'est ni sagesse, ni zèle, ni vigilance sur soi-même qui
puisse garantir, & vous dites à nos Soldats : c'est à
vous de ne point la mériter ! Eh, que ne leur disiez-
vous plûtôt : c'est à vous de n'être point hommes !

progrès de la civilifation , bien plus avancée en France que dans les pays feptentrionaux , & par la douceur du climat, le François a l'organifation bien plus fenfible que l'Allemand & le Ruffe. D'où il s'enfuit qu'une punition légère, peut-être pour ceux-ci, devient barbare pour des François.

Du côté politique & moral , la différence eft plus grande encore. Que des hommes nés dans l'efclavage, & pour qui l'honneur eft un mot vuide de fens; des hommes que leurs defpotes, lorfqu'ils ont befoin d'argent , vendent à tant par tête , comme les chevaux de leurs haras ; que ces hommes, devenus foldats, non par l'effet de leur volonté, mais par une fuite de leur fervitude, foient gouvernés avec le bâton , cela eft conféquent , & paroît même indifpenfable.

Mais un peuple chez qui la Loi ne connoît plus d'efclaves; un peuple idolâtre de l'honneur, & au milieu duquel cette Divinité a, pour ainſi dire, élevé ſon temple; un peuple qu'il ne faut pas entraîner avec violence ſous les drapeaux, mais qui court s'y ranger volontairement, guidé par ſon inſtinct belliqueux : ce peuple doit-il être mené comme un vil troupeau de bétail?

Je conviens que pour rendre le ſoldat auſſi automate qu'on le veut aujourd'hui, cette Diſcipline eſt la première de toutes ; je conviens que pour lui donner dans un rang l'immobilité d'un cadavre, il n'eſt pas de moyen plus efficace que de tomber ſur lui à grands coups, lorſqu'il remue un pied ou une main; je conviens enfin que pour captiver ſa volonté ſur ces minuties, ſi chèrement achetées, le meilleur inſtrument, c'eſt un bâton.

Mais voyons le même ſoldat devant l'ennemi. Vous n'avez pu le rendre aſſez complettement machine; en lui ôtant toutes ſes facultés d'homme, vous lui avez laiſſé la crainte. Or, celle de la

mort eſt la plus puiſſante de toutes ;
pour des cœurs étrangers à l'honneur ;
& ſur le champ de bataille cette crainte
ſurmontera la crainte du châtiment. Le
bâton ou le plat de ſabre de vos Capo-
raux les effrayera moins que la balle &
le boulet de l'ennemi. Vous chercherez
alors dans ces lâches Guerriers, ces
braves Soldats qu'une parole, un regard
de leurs Chefs faiſoient voler au combat, & vous regretterez trop tard de
les avoir dénaturés (1).

Vous êtes François, diſoit à ſes Soldats, ce grand Henri que vous adorez,
que vous admirez tous, & qui gémiroit
ſur la Nation & ſur vous-mêmes, s'il
pouvoit connoître la fatale erreur qui
vous égare, vous êtes François, leur
diſoit-il, & ce mot ſeul en faiſoit autant
de Héros ; chaque Guerrier le répétoit

_____

(1) Tâchez de battre le Général françois,
écrivoit le Prince Eugène au Général qui com-
mandoit l'Armée des Impériaux à La Bataille de
Parme ; car pour ſes ſoldats vous ne les battrez
point.

dans

dans son cœur, & couroit à la victoire. Croyez-vous que le même mot, prononcé devant des êtres abrutis, en qui vous aurez étouffé toute étincelle d'honneur, échauffera, élévera leur ame? Ils n'en auront plus; vous l'aurez détruite toute entière sous vos vils & barbares châtimens. Ces mots, & tous ceux que vous pourrez prononcer pour enflammer leur courage, auront perdu leur puissance magique, ils ne les entendrons pas.

Les François & les Anglois, dit-on, sont les seuls Peuples, parmi ceux qui figurent avec éclat sur la scène de l'Europe, qui ne battent point leurs Soldats. Tant mieux pour les Anglois & les François, d'être si honorablement exceptés (1). Eh! quelle est donc la Na-

_____

(1) Les Anglois, il est vrai, ont un châtiment Militaire qui revient à celui des verges. Ils attachent un Soldat nud, sur une paillasse, ou sur un banc, le dos en l'air, & lui donnent le fouet avec un faisceau de cordes. Mais ce châtiment est affecté

L

tion que ces deux Peuples doivent se faire un devoir de prendre pour modèle ? Les Prussiens, répondra-t-on. Voilà les dignes maîtres du siècle dans l'Art Militaire. Distinguons, s'il vous plaît. Le Roi de Prusse est certainement un grand Capitaine (1), ses Généraux, formés par ses leçons & par son exemple, sont habiles, ses Officiers

---

aux cas graves, & ne peut être infligé que par Jugement d'un Conseil de Guerre, composé des Officiers de la Compagnie de laquelle est le Soldat coupable. Une des punitions usitées dans leurs Régimens, pour les fautes légères, est de faire porter l'habit à l'envers : punition originairement Françoise, qui punit par le ridicule, & que nous n'aurions pas dû quitter.

(1) Remarquez que toute l'illustration des Prussiens tient à leur Monarque & peut finir avec lui. Il n'en est pas de même des Anglois & des François. Ces nations célèbres depuis tant de siècles & à tant de titres, ont une gloire qui leur est propre, gloire qui les met infiniment au-dessus des esclaves de la Poméranie & du Brandebourg, qui probablement n'auront brillé quelques instans à la faveur d'un grand Prince, que pour rentrer à jamais dans la foule obscure des Peuples.

supérieurs très-bons ; l'Officier particulier est assidu, exact, uniquement
voué à ses devoirs. Toute cette première partie de la Hiérarchie Militaire
de Prusse est excellente ; & c'est avec
elle que Frédéric a vaincu. Mais observez que ce n'est pas elle qui a été
formée par le bâton.

A l'égard du bas-Officier & du Soldat, ce sont réellement de très-mauvais
Guerriers, que le despotisme qui s'en
empare au sortir du sein de leur mère,
commence d'abrutir, & que la discipline
vile & pesante à laquelle ils se trouvent
asservis en arrivant sous les drapeaux,
achève de rendre stupides. C'est avec
ceux-ci que le Roi de Prusse a été vaincu
plusieurs fois. Il l'a été quand, par la
nature du terrein, ou par des attaques
inopinées, il n'a pu manœuvrer, & que
l'évènement du combat a dépendu, non
de sa tête ni de celle de ses Officiers,
mais du cœur de ses Soldats. Des cœurs

habituellement flétris & glacés par l'impreſſion ou la terreur des châtimens, ne ſauroient porter dans les veines cette flamme qui fait la valeur. Encore une fois, des hommes qui ne connoiſſent qu'une crainte matérielle, redouteront toujours plus la mort que les coups.

Il faut dévoiler ici toute la turpitude de cette Diſcipline Pruſſienne qu'on nous vante; il faut montrer la foibleſſe extrême de ſes effets, malgré l'atrocité de ſes moyens; il faut faire rougir ces hommes faſcinés, dont le zèle aveugle preſſe le Gouvernement de déployer ſa ſévérité pour cimenter dans nos Troupes cette Diſcipline fatale. On ſait que les Généraux Pruſſiens ont été plus d'une fois obligés de braquer du canon contre leurs propres Troupes, pour ſoutenir leur foible courage. C'eſt-là le moindre aveu que cette Diſcipline ait fait de ſon impuiſſance. Repréſentez-vous un Régiment Pruſſien en ordre de bataille;

non-feulement vous verrez derrière les
Soldats un rang fort preffé de ferre-
files ; mais voici ce que je lis dans un
Mémoire fur la Conftitution Militaire
de Pruffe, fait par un Obfervateur très-
inftruit. « Les pelotons font fermés de
» droite & de gauche, par des bas-
» Officiers qui, dans un befoin, ac-
» crochent leurs pertuifanes les unes
» aux autres, & par ce moyen renfer-
» ment les Soldats de manière qu'ils ne
» peuvent fuir, & font forcés de com-
» battre ». Et c'eft une Difcipline fi
honteufe que vous voulez tranfporter
parmi nous ! & ce font ces méprifables
Soldats auxquels vous vous efforcez
d'affimiler les nôtres !

Il eft donc évident que ce n'eft pas
fur ce point qu'on doit prendre les
Pruffiens pour modèle ; & je le dis fans
imputer en cela une erreur au Monarque. Car outre qu'il a trouvé cette
abjecte Difcipline de tout tems établie
dans fes Troupes, elle porte fur un

ordre de chofes tout différent du nôtre (1).

Mais l'aveugle admiration des ignorans pour un Peuple vainqueur, leur montre chez lui tout en beau. Il y a dans la Conſtitution Pruſſienne beaucoup de chofes, ſans doute, qu'il faut bien ſe donner de garde d'imiter. Non-ſeulement parce que la Nation & le Gouvernement de Pruſſe ſont différens de notre Nation & de notre Gouvernement; mais parce que dans la conſtruction de cet édifice, le Prince a commis des fautes réelles, dont l'effet, balancé aujourd'hui par ſes grands talens & ceux des hommes qu'il emploie, ſe fera ſentir dans la ſuite.

Je dis plus, il ne faudroit peut-être qu'un homme à la place d'un autre, pour changer entièrement les idées ſur

_____

(1) On ſait que les Troupes du Roi de Pruſſe ſont compoſées, moitié des Serfs de ſes États, moitié des Déferteurs de toutes les Nations.

cette Constitution. Que le Trône de
Prusse soit un jour occupé par un Prince
mal habile, les revers, les humiliations
s'en suivront, sans que la Constitution
ait subi aucun changement. Mais ce sera
à la Constitution que la flatterie impu-
tera tout le mal, & son langage sera
appuyé par tous ceux qui auront eu
part aux évènemens, & qui voudront
faire regarder comme le résultat du vice
des choses, ce qui n'aura été que l'effet
de leur propre sottise. Sur ces discours
enfantés par l'intérêt, reproduits par
l'ignorance, s'établira l'opinion publique. Alors tout sera trouvé absurde
dans cette même Constitution, où tout
est réputé parfait aujourd'hui. Et voilà
comme juge, dans tous les tems & dans
tous les pays, la tourbe imbécile des
humains. Je reviens à mon sujet.

Les Soldats Suisses, continuent les
partisans de la Discipline Allemande,
ces Soldats Républicains sont menés
avec le bâton. Je remarquerai d'abord,

qu'il ne doit pas être ici queſtion de
leur qualité de Républicains; que ſi les
Suiſſes chez eux, ont ce caractère, chez
nous ce ne ſont que des étrangers mer-
cenaires. Or, il paroît que des hommes
qui ne peuvent prendre aucun intérêt
au pays pour lequel ils combattent,
doivent être conduits ſur d'autres principes que les Soldats nationaux. Je paſſe
ſous ſilence pluſieurs autres obſervations
que je pourrois faire ſur les Suiſſes, reſ-
pectivement aux François. Il faudroit
répéter ce que j'ai dit là-deſſus au ſujet
des Allemands, à qui, au Gouvernement près, on peut les aſſimiler.
Cependant malgré cette analogie, les
Suiſſes, que je ſache, n'ont point adopté
dans leur Milice domiciliée, la Diſcipline Allemande ; & j'oſerois bien af-
firmer que ceux de leurs ancêtres qui
s'affranchirent du joug de la Maiſon
d'Autriche, & qui exterminèrent ſi ſouvent ſes Armées, n'étoient pas menés
au combat à coups de bâton.

A l'égard des Romains, cités égale-
lement & si mal-à-propos en exemple,
il faut ignorer auſſi profondément les
uſages de ce Peuple que la nobleſſe de
ſon génie, pour avancer que cette Diſcipline étoit celle de leurs Troupes.
Comment imaginer qu'une Nation où,
pour quelque crime que ce pût être,
il n'étoit pas permis de frapper de
verges un Citoyen, on aſſommât de
coups un Soldat pour l'inadvertance, la
diſtraction la plus légère ? Une opinion
auſſi ſtupide, qui n'auroit pas beſoin
d'être démentie comme elle l'eſt, par
tous les Hiſtoriens (1), peut donner
une idée de l'érudition & du jugement
des apôtres de la Diſcipline Allemande.

Les Romains, il eſt vrai, employoient

---

(1) Voyez, entr'autres, Polibe, Commentaires,
tome VI, liv. 7, chap. 7, vous y trouverez le
détail des punitions uſitées dans la Légion, tant
pour les fautes que pour les crimes. Les principales de ces punitions ſont rapportées ci-après.

dans leurs Légions, un châtiment appellé *Fustuarium;* mais c'étoit pour des
crimes: pour les cas de lâcheté, de vol,
de faux témoignage, &c. (1). Le coupable expiroit, pour l'ordinaire, sous
le châtiment, & lorsqu'il y survivoit, il
étoit chassé, deshonoré, en opprobre à
ses concitoyens, & rejetté même de sa
famille; car chez les Romains, les mœurs
étoient toujours d'accord avec les Loix.
Mais pour la punition des fautes ordinaires, cette Nation aussi sage que fière,
qui connoissoit si bien l'importance &
les secrets du grand art d'élever les
ames, auroit-elle confondu ses Défenseurs avec ses Esclaves (2)?

_____

(1) C'est ainsi que M. le Maréchal de Broglie,
pour certains délits, faisoit donner la bastonade aux
Soldats de son Armée, au lieu de les livrer à la
potence. Mais quel rapport entre des crimes qui
ont mérité la mort, & des fautes journalières de
discipline?

(2) Non, sans doute, elle savoit réprimer ses
Soldats sans les avilir; & voici, pour ces derniers
cas, qu'elles étoient les punitions usitées.

La force en étoit presque toute dans l'opinion.

Tant qu'un homme portoit le caractère de Soldat, les Loix le traitoient
avec une forte de refpect, & c'étoit par
le motif de l'honneur, prefque feul,
qu'elles le conduifoient. Mais dès qu'une
fois il s'étoit rendu indigne du noble
titre de Défenfeur de la Patrie, c'eft
alors qu'elles déployoient toute leur févérité; c'eft alors qu'elles accumuloient
la douleur & l'opprobre fur la tête du
coupable.

Ne prophanez donc pas le nom des
Romains, en leur imputant l'inftitution
d'une Difcipline méprifable, avec laquelle affurément, ils n'auroient jamais

---

Pour les fautes les plus légères, on faifoit tenir un
Soldat debout & fans ceinture au-devant de fa tente;
pour les fautes un peu plus graves, c'étoit dans la
grande rue du camp qu'il étoit expofé ainfi. Quelquefois, on le réduifoit au pain d'orge; d'autres fois,
on le mettoit hors du camp, pour plufieurs heures,
pour un jour, ou pour plus long-tems. Les mêmes punitions s'étendoient fur des Centuries & fur des Légions entières. On voit par là quel étoit l'efprit
des Loix pénales, Militaires, chez les Romains.

conquis l'univers. La source de cette Discipline abjecte & barbare est dans le Gouvernement féodal, où l'homme qui n'avoit que ce simple caractère, étoit mis au rang de la bête, & traité comme tel, par le brigand qui prenoit le titre de Seigneur. Il étoit naturel que ces petits tyrans, accoutumés dans leurs terres à tenir la verge toujours levée sur leurs infortunés vassaux, en usassent de même lorsqu'ils les traînoient aux Armées.

Mais la France n'est plus esclave ni barbare. Au tems qu'elle étoit l'une & l'autre, elle employoit aussi envers ses Soldats ces châtimens féroces ; & ce tems, remarquons-le en passant, n'est pas celui de nos plus beaux triomphes. Lorsque la Nation a cessé d'être sauvage, & le Peuple d'être serf, cette Discipline brutale a été sagement abolie. Dans quel moment va-t-on la rétablir ? A l'époque où la civilisation, parvenue chez nous au dernier terme, a affoibli les corps autant qu'elle a adouci les mœurs; c'est dans le dix-huitième siècle qu'on fait revivre des punitions proscrites il y a deux cents ans, comme barbares! Pourquoi donc Henri IV ni Louis XIV n'en ont-ils pas ramené l'usage ? Conçoit-on qu'ils eussent pu seulement en entendre le projet sans indignation ? Ces Monarques magnanimes, si dignes de gouverner la Nation Françoise, & qui cherchèrent toujours à l'élever à la hauteur de leur ame, auroient puni comme un traître, s'ils n'eussent méprisé comme un fou, celui qui seroit venu leur proposer d'introduire dans leurs Armées victorieuses, l'abjecte Discipline de ces Troupes qu'ils avoient vaincues tant de fois.

Mais supposons qu'à l'époque des malheurs de Louis XIV, un courtisan zélé fût venu lui dire : Sire, il est évident que la cause de nos revers & des triomphes de nos ennemis, est dans la différence de la Discipline ; le seul

moyen de rappeller la victoire eſt d'établir dans vos Troupes la Diſcipline
Allemande. Le Monarque eût pu lui
répondre : Il eſt évident que vous dites
une abſurdité. Les ſuccès des Allemands
& nos défaites ne proviennent certainement pas de ce qu'ils donnent des
coups de bâton à leurs Soldats, & que
nous n'en donnons point aux nôtres ;
car dans le tems que nous battions par-
tout les Allemands, la même différence
exiſtoit (1).

Eh! que reſtera-t-il au Soldat François, ſi l'on détruit ſes vertus ? Moins

_____

(1) O vous tous, qui prétendez qu'il faut
gouverner des Soldats comme on mène des bœufs,
des mulets & des chevaux, & qui travaillez à ſoumettre les nôtres, ſans retour à ce noble régime ;
je veux croire que c'eſt le zèle le plus pur pour
l'intérêt & l'honneur de l'État qui vous anime.
Mais Turenne & Luxembourg, Catinat & Villars,
aimoient l'État auſſi. Ils l'ont plus ſervi, plus
illuſtré en un ſeul jour, que vous ne ſerez peut-
être dans tout le cours de vos années. D'ailleurs,
ces grands Hommes, dont la vie s'eſt écoulée
dans les camps, & dont l'affabilité avec leurs

grand, moins fort, moins robuste, moins vigoureux que le Soldat du Nord, s'il n'a de la magnanimité & du courage pour compenser son infériorité physique, ce sera la lie des Soldats.

Le François a le génie plus guerrier que le corps; l'Allemand, au contraire, a le corps plus guerrier que le génie. On pourra bien éteindre dans le François le génie François, mais on ne pourra pas lui donner les organes de l'Allemand. En cessant d'être lui même, il ne deviendra point un autre, il ne sera rien.

Troupes alloit jusqu'à la familiarité, devoient connoitre le génie de nos Soldats, bien mieux que vous, qui ne les avez vu qu'à des parades, à des exercices, & qui les tenez toujours à une si grande distance de votre dignité. Ils n'ignoroient pas la Discipline en usage dans ces Armées qu'ils avoient si souvent combattues. Pourquoi donc n'ont-ils pas adopté une si excellente Discipline? Pourquoi se sont-ils refusé un nouveau moyen de vaincre? Pourquoi, enfin, ne rendirent-ils pas à la Nation, il y a un siècle, le signalé service que vous voulez lui rendre aujourd'hui?

Mais il est faux, ose-t-on dire, que la punition introduite par M. de Saint-Germain, tende à dénaturer le Soldat François, il n'en aura pas moins de courage, moins d'honneur; cette punition en elle-même n'a rien de honteux,.... Raisonneurs de mauvaise foi! Eh! d'où vient donc que vous, qui parlez ainsi, perdriez votre vie mille fois plutôt que d'être traités comme vous voulez qu'on traite nos Soldats? Le châtiment par lequel l'homme conduit la brute est certainement vil par sa nature, ou rien ne peut mériter ce nom. Ce n'est pas là un préjugé national, c'est l'opinion de tous les tems & de tous les Peuples, sans excepter l'Allemand lui-même. Un Colonel Autrichien qui auroit été puni par des coups de bâton ou de plat de sabre, ne seroit-il pas deshonoré? Si donc l'Allemand châtie ainsi ses Soldats, c'est qu'il ne croit pas que l'honneur soit fait pour cette espèce d'hommes; c'est que le

Noble

Noble, en Allemagne, regarde encore l'homme du peuple des mêmes yeux dont on voit une bête de service (1).

Mais quand il seroit aussi vrai qu'il est faux, que l'idée d'infamie attachée aux coups, est particulière à notre Nation, il suffit qu'elle y existe pour qu'on dût les rejetter : car il faut que le Soldat soit estimé du Citoyen. Mais de quel œil celui-ci verra-t-il cet état désormais? lui qui, pour un seul coup reçu, verseroit son sang. Pourra-t-il honorer celui qui, tous les jours, présente son dos aux coups redoublés qu'on lui inflige publiquement, pour la faute la plus légère? On ne persuadera pas plus au Ci-

_____

(1) Comment ne conçoit-on pas l'ascendant que devoit donner à nos Soldats, sur les Soldats Allemands, le droit de leur dire » Nous sommes des » hommes; mais vous êtes des animaux que l'on » conduit à coups de bâton ». Quiconque sait lire dans le cœur humain, verra dans le sentiment de fierté que cette comparaison ne pouvoit manquer d'inspirer au Soldat François, la principale source de sa valeur.

M

toyen qu'un tel châtiment eſt *pater-nel* (1), qu'à l'infortuné Soldat lui-même qui l'eſſuie. Quelle impreſſion remportera-t-il donc de ce ſpectacle ? Son cœur ſe partagera entre l'indignation contre la loi, & le mépris pour l'être malheureux, forcé d'acheter ſa vie au prix de pareils traitemens.

Il arrivera de là qu'il ne ſe trouvera plus que des hommes de la populace la plus abjecte, ou des garnemens chaſſés du ſein de leur famille, ou des criminels fugitifs, qui voudront embraſſer une profeſſion ſi avilie. Pour ſoumettre aux loix de la diſcipline & de la probité des Troupes ainſi compoſées, il faudra prodiguer les châtimens; il faudra en

---

(1) Le même homme qui, pour les plus petites fautes établit la punition de vingt-cinq & cinquante coups de plat de ſabre, dit dans ce fatras, appellé ſes *Mémoires*, qu'il faut mener le Soldat *pater-nellement*. Au contraſte de ce langage mielleux, avec des diſpoſitions auſſi barbares, on reconnoît bien l'ancien frère Jéſuite.

introduire de plus rigoureux. Le Soldat,
abhorrant fes drapeaux, ne s'y fixera
qu'autant qu'il ne pourra leur être in-
fidèle. Le fléau de la défertion redou-
blera fes ravages. Et fi ce malheur
n'arrive pas, il faudra gémir d'une bien
plus grande calamité : c'eft que la dé-
gradation des ames fera confommée.
Dès-lors ce Soldat François, du premier
rang des Soldats de l'Europe, tombera
dans le dernier ; dès-lors on ne verra plus
éclore ni talent ni vertu dans cette claffe
abrutie ; dès-lors plus des Fabert, des
Rofe, des Chevert. Dès cet inftant auffi
s'évanouira de nos armées cette valeur
brillante qui, jufqu'ici, les a caractérifées ;
qui, elle feule, a gagné tant de batailles ;
qui, tant de fois, fuppléa aux talens ou
aux foins des Généraux, & répara tout,
quand leur incapacité ou leur négli-
gence, avoit tout perdu. Dès ce moment enfin, cet héroïfme françois, ce
fauveur, ce génie tutélaire de notre
empire difparoîtra fans retour : car c'eft

dans la maffe générale d'un peuple, &
non dans une certaine claffe de citoyens
que réfide le génie national.

Il faudroit donc regarder comme une
des plus grandes calamités, l'introduction de la difcipline Allemande dans
nos Troupes, fi cette funefte difcipline
s'y étoit naturalifée. Mais en vain fon
Inftituteur voulut la foutenir de toute
l'autorité de fa place ; le cri de l'indignation publique étoit trop fort ;
l'opinion vainquit le pouvoir, & la loi
fut étouffée par les mœurs. La Nation,
plus fage que le Gouvernement, l'arrêta
aux bords de l'abyme où tous deux alloient
tomber. Et fi le Miniftre ne retira point
cette loi infenfée, il n'ofa pas du moins
infifter fur fon exécution. Cependant
elle fert encore de voile à la férocité de
quelques hommes qui, fans aptitude au
commandement, ne connoiffent d'autres
moyens pour conduire des Soldats, que
de les changer en brutes ; mais il eft plus
aifé de tourmenter que de gouverner.

On a remarqué que les Corps où l'on use de ces vils châtimens, font précisément les moins bien disciplinés ; & cette observation a achevé de détromper sur l'erreur d'une loi qui jamais n'eût dû souiller notre code.

Mais peut-on supprimer les coups de plat de sabre sans compromettre la discipline de ceux de nos Régimens où ils sont usités? Je réponds qu'on le peut sans le moindre inconvénient ; & j'ai vu plus d'un exemple qui le prouve. Eh! pourquoi l'indiscipline s'ensuivroit-elle de l'abolition des coups de plat de sabre? comme s'il n'y avoit que l'alternative de cette punition & de l'impunité! Ce châtiment, lorsqu'il est séparé de la honte, qu'on ne sent qu'une fois, est moins imposant peut-être que tout autre. Des malheureux, insensibles au mépris, & qui ne connoissent que le physique de la peine, doivent peu craindre quelques coups de plat de sabre que des mains françoises appliqueront toujours mal. Remarquez bien, d'ailleurs, que ce n'est pas la rigueur des punitions qui produit l'exacte discipline, mais l'attention scrupuleuse à punir chaque faute. Cette attention manque peut-être à nos Officiers, & leur manquera sûrement bien davantage, si les châtimens dont on les aura faits dépositaires, sont réprouvés par leur cœur, désavoués par leurs principes. Sur quoi je ferai cette dernière réflexion. Un Législateur qui introduiroit chez une Nation douce & fière, une discipline cruelle & basse, ne connoîtroit pas les premiers élémens de son art (1).

Il seroit long & minutieux d'entrer dans la discussion des différens moyens de discipline intérieure (2), je me

----

(1) Je ne dis rien de la contradiction d'opposer l'ignominie pour barrière à la désertion, après avoir accoutumé le Soldat à l'ignominie.

(2) Voici seulement une esquisse à ce sujet. Pour les fautes très-légères, consignez le Soldat au quartier, appointez-le de corvée, mais non pas de

bornerai à pofer quelques maximes qui montreront l'efprit qui doit la diriger.

1°. Punir modérément, mais irrémiffiblement chaque faute ; parce que, comme je viens de l'obferver, c'eft bien moins la févérité que la certitude du châtiment qui contient les hommes.

2°. Proportionner la punition à la

---

garde, parce qu'il ne faut pas faire regarder les fonctions du fervice comme un châtiment.

Pour les fautes plus graves, puniffez, non par la prifon publique, pernicieufe aux mœurs & à la fanté, en ce que le Soldat y eft confondu avec les malfaiteurs, & qu'il y croupit, mais par la Salle de difcipline, qui fera fans inconvénient, dès que le prifonnier fortira pour les exercices, pour les corvées, &c. & que le tenant toujours fous la punition, on lui donnera encore plus de mouvement que s'il étoit en pleine liberté.

Voulez-vous des punitions plus févères ? Expofez le Soldat en public, plus ou moins long-tems, & plus ou moins de fois, chargé de fufils ou monté fur un piquet. Vous l'humilierez fans le flétrir, parce qu'on n'a pas attaché l'infamie à ces punitions, purement militaires, comme au châtiment des coups, réputés deshonorans, par-tout où l'honneur eft quelque chofe.

M iv

faute; car il n'y a de punition efficace que celle dont la justice est sentie par celui-là même à qui elle est infligée.

3°. N'user de punitions flétrissantes qu'à l'égard des hommes que l'on chasse, & joindre alors la plus grande rigueur à la plus grande ignominie, pour rendre l'exemple terrible & salutaire.

4°. Enfin, si la discipline se relâche dans les classes inférieures, porter l'œil & la main sur celles qui sont au-dessus; car c'est sûrement là qu'existe la première & la plus grande cause du mal.

CHAPITRE XII.

Continuation du même Sujet.

A MESURE que le grade s'élève, les devoirs deviennent plus importans & les infractions plus funestes. La Discipline devroit donc alors s'armer d'une sévérité plus inflexible ; & telle étoit celle des Armées Romaines où l'on voit un Consul livrer à la mort son propre fils, pour avoir gagné une Bataille qu'il lui avoit défendu de donner. Dans les Armées modernes, au contraire, la Discipline s'affoiblit à proportion qu'elle monte, & devient nulle enfin dans ces grades éminens où une seule prévarication compromet l'existence d'un Empire.

Mais c'est dans le Militaire François, particulièrement, que ce désordre règne dans tout son excès. C'est là, sur-tout, que le foible porte seul le fardeau de la Loi. Tout homme qui eſt de la Cour, ou qui tient à la Cour, peut, ſans riſque, être négligent, inſubordonné, lâche, traître. Des crimes qui ont ſcandaliſé l'Europe & méritoient une mort infâme, n'ont pas ſeulement attiré l'animadverſion du Gouvernement.

Voici la cauſe de cette impunité qui perd tout. Dans une Cour, théâtre de révolutions perpétuelles, la grande affaire d'un Miniſtre eſt de ſe maintenir en place. Celui qui voudroit ſévir contre un coupable d'un rang diſtingué, non-ſeulement auroit à combattre la cabale à laquelle ſeroit liée la famille de ce coupable, mais encore la foule des Courtiſans, qui, ſous le nom d'humanité, cherchent à établir dans le Gouvernement une tolérance dont ils ont beſoin pour eux-mêmes. Il veulent bien qu'on diſgracie un rival pour envahir ſa dépouille, mais non qu'on le livre à la rigueur de la Loi; cet exemple tireroit à conſéquence. Or, un Miniſtre

qui formeroit contre lui un pareil torrent, en feroit probablement renverfé.
Il prend donc le parti de fermer les
yeux; il empêche même que le Prince
n'ouvre les fiens, parce qu'il fait bien
que c'eft fur lui-même qu'on fe ven-
geroit de la juftice du Maître. Voilà
comment le bras de l'autorité, épar-
gnant les grands criminels, ne fait s'ap-
pefantir que fur les moindres coupables.

Et quand même un Miniftre auroit
affez de vertu & de force pour févir
contre le prévaricateur puiffant ou
protégé, à moins que le châtiment
n'allât jufqu'à la mort, le coupable
feroit relevé de la peine comme de la
honte, par le Miniftre fucceffeur de
celui qui l'auroit condamné : car au
au plaifir de contredire l'ancien Miniftre fe joindroit, aux yeux du nouveau, la douceur d'exercer la clé-
mence & l'avantage de s'attacher une
cabale.

C'eft encore ici que je reclamerai,

de toutes mes forces, au nom de la
France, l'érection du Tribunal de
Guerre que j'ai proposé au commencement de cet Ouvrage. Ce Tribunal,
auquel tous les délits militaires ressor-
tiroient, supérieur à la crainte qui
enchaîne la loi dans les mains du Miniſtre, quand le ſalut public voudroit
qu'elle déployât toute ſa rigueur, ce
Tribunal citeroit devant lui tout coupable indiſtinctement; & comme dans
ſes jugemens il ne pourroit être animé
par d'autre intérêt que ſon honneur &
l'équité, il jugeroit, avec autant d'im-
partialité & de juſtice, le guerrier du
plus haut grade, que celui du rang le
plus obſcur; & ſes arrêts feroient irré-
vocables.

C'eſt là l'unique remède qu'on puiſſe
apporter au plus funeſte de nos abus,
à cette impunité qui, anéantiſſant la
Diſcipline dans les grades élevés, énerve
le corps entier de notre Hiérarchie
Militaire, rend ſtérile la valeur des

Troupes, étouffe le fruit de nos fuccès,
&, de tout tems, a produit nos plus
grands défaftres (1).

Cette même politique miniftérielle
qui pardonne tout aux coupables en
crédit, étend l'impunité fur des Corps
entiers; pour ne point envelopper quel-

---

(1) Si quelquefois en France on fe détermine à punir
un Grand, c'eft fimplement par l'exil. Mais comme
cette punition n'eft pas précédée d'un jugement, &
que l'innocent l'a trop fouvent partagée avec le
coupable, il s'enfuit qu'elle n'entraîne aucune impreffion de honte, & fe réduit au feul défagré-
ment d'être éloigné de la Cour. L'Auteur de *l'Efprit
des Loix* a beau dire que cette peine fuffit aux
Grands dans une Monarchie : maxime auffi fauffe que
funefte, capable, elle feule, de perdre un Empire,
en établiffant une impunité réelle dans cette claffe
d'hommes qui font les deftins publics. Ne peut-on
pas accufer cet illuftre Ecrivain d'avoir quelquefois
érigé nos ufages, & même nos abus, en principe
du Gouvernement monarchique ? Admirons Montefquieu ; mais n'adoptons pas fans difcuffion toutes
fes idées. Que fon grand nom ne nous enchaîne point
à l'erreur, comme celui d'Ariftote y avoit affervi
nos ancêtres. Les méprifes du Légiflateur de l'Europe tirent bien autrement à conféquence que les
rêveries du Philofophe de la Grèce.

que Grand dans leur châtiment. Il est vrai que dans les autres Armées modernes on voit bien peu d'exemples de ces punitions générales si fréquentes chez les Romains, où très-souvent des Légions, & quelquefois des Armées entières, furent décimées pour avoir mal combattu.

Aujourd'hui la punition dont on use, en pareil cas, encore très-rarement, contre un Corps Militaire, est de le casser : punition qui tourne au détriment de l'Etat, & dont l'exemple ne peut faire aux lâches qu'une impression légère. La Discipline des Romains, aussi sage que forte, ne privoit point la Patrie d'une Troupe utile. Elle l'épuroit, en versant une partie de son sang ; & de ce sang répandu naissoient des victoires (1).

Si le courage a déchu si sensible-

---

(1) Le lâche ne seroit point lâche s'il craignoit la honte. C'est par la mort qu'il faut punir l'homme qui fuit devant la mort.

ment, n'eſt-ce point parce que la lâcheté, le plus grand des crimes Militaires, n'en eſt plus un? Les Annales de
l'Europe moderne fourmillent d'exemples d'Armées entières rendant honteuſement les Armes, ſans que le moindre
châtiment ſoit tombé ni ſur elles ni ſur
leurs Chefs. Il eſt preſcrit, ſous peine
de mort, aux Commandans des Places
de Guerre, de ſoutenir trois aſſauts.
Quel eſt celui, depuis long-tems, qui
ait eu la fermeté d'en ſoutenir un ſeul;
& quel eſt celui qui ait été puni pour
être reſté ſi au-deſſous de ſes obligations?
La Diſcipline de nos jours, petite &
baſſe, foible & brutale, rigoureuſe ſur
des points indifférens & envers le Soldat
ſeul, aveugle ſur les Chefs & ſur les
devoirs eſſentiels, porte à la fois l'empreinte de la barbarie des tems féodaux,
& de la puſillanimité de notre ſiécle.

CHAPITRE XIII.

De la Subordination.

LES deux Chapitres précédens me dispenseront de m'étendre sur celui-ci.

La Subordination est cette branche de la Discipline qui regle les devoirs de l'Inférieur envers le Supérieur. Le premier de ces devoirs est une obéissance prompte & absolue. Dans une profession où le subordonné doit, au premier mot de son Chef, affronter, s'il le faut, une mort assurée, il est nécessaire que l'autorité de la loi, dans toute sa plénitude, réside dans le moindre Supérieur, comme dans le Souverain même.

Mais le Supérieur ne doit pas ajouter au despotisme légal dont il est revêtu, un despotisme de fantaisie, aussi fatal aux vertus Militaires, que le premier leur est eft favorable. Un abus de ce genre que je dois relever ici, eft l'emploi des termes injurieux qui aviliffent à la fois le Supérieur qui en eft l'organe, & l'Inférieur qui en eft l'objet. Un Chef qui s'échappe en expreffions offenfantes, ceffe d'être le repréfentant de la Loi calme & majeftueufe; c'eft un homme qui infulte un autre homme.

Ces coupables licences de l'autorité font non-feulement pernicieufes à l'Ef-prit Militaire, en attaquant l'honneur & la confidération, aliment des vertus, mais encore elles renverfent la Subor-dination même, en rendant méprifable à fes inférieurs, celui qu'on humilie publiquement.

N

CHAPITRE XIV.

Des Récompenses.

Les châtimens préviennent les crimes ; ils ne produisent pas les vertus.
Pour les faire naître, le Légiflateur
doit employer d'autres moyens : ces
moyens font les Récompenses.

Diftinguons ici les vertus fociales des
vertus Militaires. Les premières, qui
ne font que le penchant d'un cœur bien
organifé, trouvent en elles-mêmes leur
plus douce Récompenfe. C'eft en les
exerçant qu'on en recueille le fruit ; &
pour les voir éclore chez tous les
hommes, il fuffiroit de retrancher les
erreurs politiques qui en étouffent le
germe.

Les vertus guerrières font d'un autre genre. Il n'eft pas dans la nature
d'aller au-devant de la mort, des fouf-

frances, des privations. La pratique de
ces vertus a donc befoin de motifs ex-
térieurs. Plufieurs Légiflateurs em-
ployèrent pour les infpirer, cette paffion qui entraîne avec tant d'empire &
de charmes, un fexe vers un autre, &
firent fervir la phrénéfie de l'amour au
triomphe de la Patrie. On connoît les
moyens que mirent en œuvre dans la
même vue, les Légiflateurs de Rome;
toutes les inftitutions, tous les ufages
de cette République : ces couronnes,
ces ftatues, ces triomphes excitoient
dans les ames une yvreffe de gloire
qui élevoit la nature au-deffus d'elle-
même.

Je l'ai dit ; ce grand art d'exalter les
cœurs eft perdu. La beauté qui fut le
digne falaire des fervices rendus à la
Patrie, n'eft plus que la proie de l'opulence ; & ces honneurs, autrefois le
prix & le principe des vertus, font
devenus l'exclufif apanage du pouvoir.
La reconnoiffance & l'admiration les

décernoient au Citoyen magnanime; l'intérêt & l'adulation les offrent à la puiffance.

Les Gouvernemens modernes ne favent récompenfer qu'avec l'argent Chaque livre de fang, chaque membre du corps humain font évalués en métal, comme la chair & le fang des animaux dont il fe nourrit. Que réfulte-t-il de là ? que les hommes accoutumés à fe vendre, fe vendent indiftinctement pour le crime comme pour la vertu; & que les Gouvernemens, pour être bienfaiteurs d'une partie de leurs Sujets, fe rendent oppreffeurs de l'autre. Ils arrachent le pain des mains du Citoyen pour payer les bleffures & les exploits de l'homme de Guerre.

Je ne nie point que le motif de l'intérêt pécuniaire ne puiffe augmenter le courage; & je ne blâme pas les Romains d'avoir ajouté ce mobile à l'amour de la gloire & de la patrie. Leur politique ménageoit avec foin à chaque

Soldat, un gain afsuré dans la victoire.
Pour cet effet, le dépouillement du
camp ou de la ville de l'ennemi vaincu,
se faisoit paisiblement & en ordre, sous
la direction des Chefs. C'étoit un crime
capital, & dont la preuve eût été facile, de s'approprier furtivement un
effet de la plus mince valeur. Tout le
butin étoit mis ensuite en un monceau,
& partagé équitablement à raison du
grade. Cette méthode valoit mieux sans
doute, que le pillage tumultueux & en-
sanglanté où s'abandonnent les Armées
modernes, pillage qui détruit plus qu'il
ne recueille, & qui, quelquefois, a fait
échapper la victoire des mains du vainqueur; elle valoit mieux encore, que
l'usage de ces contributions obscures, de
ces traités clandestins, par lesquels un
Général ou quelques Commandans particuliers enlèvent & gardent pour eux
seuls, toutes les richesses de l'ennemi;
enfin cette méthode qui intéressoit au
succès tous les combattans d'une Ar-

mée, devoit, je l'avoue, donner un nouveau degré de valeur aux Troupes Romaines.

Mais il y a de la différence entre un profit acquis sur l'ennemi & une Récompense décernée par l'Etat. Les Romains n'aviliffoient pas les vertus en leur adjugeant un prix pécuniaire. Une Nation qui fubftitueroit ce prix à celui de la gloire, jetteroit les grandes ames dans une indifférence fatale. De plus, dans ce fyftême de Récompenfes, la vertu, utile d'un côté, deviendroit onéreufe de l'autre, & fon réfultat feroit nul. Enfin, il s'enfuivroit que la fomme des vertus dans un pays, dépendroit de la fomme de fon numéraire; & celui-ci venant à prendre un autre cours, on verroit un Peuple perdre avec lui tout principe d'énergie & de grandeur.

Outre que la fource de l'honneur eft intariffable, lui feul peut mettre en effervefcence le germe de ces hautes vertus dont les Peuples anciens nous

offrent tant d'exemples. Mais quelles
font les inftitutions des Peuples modernes relativement à cet objet ? Que
font-ils pour leurs héros ? Le refpect
de l'antiquité pour les fiens, alloit jufqu'à leur élever des temples. Que le
fort des nôtres eft bien différent ! Le
nom du magnanime d'Affas, ce nom
dont Rome & Lacédémone auroient été
orgueilleufes, eft refté plongé dans
l'oubli pendant vingt ans ; & malgré
les honneurs que notre jeune Monarque
vient de rendre à la mémoire de ce
martyr de la Patrie (1), combien de
François, qui tous devroient le porter
dans leur cœur, ignorent encore que
par le généreux facrifice de fon fang, il
fauva la plus précieufe de nos Armées,
& prévint l'invafion du Royaume ! O
d'Affas ! en attendant l'hommage qu'une
génération plus reconnoiffante & plus

---

(1) On connoît l'eftampe faite par ordre du Roi
fur la mort de d'Affas.

N iv

noble offrira fans doute à ta cendre ;
reçois le foible éloge d'un cœur qu'enflamme ta fublime vertu ; & puiffent les
lignes que je viens de tracer , hâter
l'inftant augufte où la France s'honorera
en confacrant tes mânes.

A la place de ces monumens durables
& folemnels ; de ces trophées, de ces
ftatues, de ces éloges publics (1), que

---

(1) On ne peut affimiler aux éloges dont il
s'agit ici ceux qu'on lit dans l'ombre de nos Académies, devant une poignée d'auditeurs. Les pané-
gyriques dont plufieurs Peuples de la Grèce hono-
roient ceux de leurs Citoyens qui avoient mérité de
la Patrie, étoient prononcés à la face du Ciel, &
en préfence de tous les ordres de la Nation, par
les premiers hommes de l'Etat. Remercions cependant nos Académies de glorifier les grands Hommes,
autant qu'il eft en elles. Mais qu'elles prennent
garde de ne déprécier leur hommage en le rendant
commun ; qu'elles fongent que parmi les Citoyens
illuftres, ceux qui fe font rendus utiles ont mérité
feuls d'être loués publiquement ; que les Savans,
les Gens de Lettres ne doivent être loués que par
leurs ouvrages ; que leurs titres à la gloire fe
trouvant dans les mains de tout le monde, c'eft
au public à leur difpenfer celle qui leur eft due ;

les Gouvernemens anciens dédioient à leurs grands Hommes, les Souverains de nos jours décorent d'un ruban futile ceux de leurs sujets qu'ils veulent distinguer. Encore semblent-ils s'être plutôt proposés de parer la vanité que d'honorer le mérite ; puisque, dans la plupart des Cours, les premières de ces marques de distinction sont la prérogative particulière de la naissance. Pour les obtenir, il ne faut pas produire des services signalés, d'actions éclatantes, mais des parchemins pourris. C'est bien là le triomphe de l'imbécille préjugé : c'est donc à une vaine chimère, que, parmi nous, les honneurs les plus brillans sont exclusivement décernés! la vertu n'est pas digne même de les partager.

___

que cet encens, adressé aux mânes d'un Écrivain, est incapable de rien ajouter à sa célébrité fixée par ses productions; & qu'enfin ce ne sont pas les talens littéraires, toujours assez nombreux, qu'il importe d'encourager, mais les talens & les vertus patriotiques.

Mais en revanche, ces décorations inférieures qui ont été instituées pour la vertu, sont prodiguées à tout le monde. Quel effronté & ridicule mensonge que l'inscription de la Croix de Saint-Louis (1) sur la poitrine d'un homme qui même, n'est pas Militaire! quelle dérogation manifeste à l'esprit de l'institution! Des hommes étrangers aux périls, n'ont pas droit aux distinctions établies pour le Citoyen qui verse son sang. Dès long-tems il y eut des abus dans la distribution de cette Récompense du mérite guerrier. On dérogea souvent à la loi. Aujourd'hui c'est la loi qui déroge à elle-même. Cette condescendance de sa part, bientôt en entraînera d'autres; car comment refuser à la faveur, autorisée par des exemples, ce qu'on lui a d'abord accordé sans aucun prétexte?

Notre jeune Monarque, en adop-

_____

(1) *Bellicæ virtutis premium.*

tant cette diftinction pour lui-même, avoit fu lui donner un prix infini. Mais pour que ce reffort d'opinion pro- duisît tout l'effet dont il eft capable, l'Officier n'eut dû partager cette déco- ration qu'avec le Souverain (1).

Je dois dire un mot de la marque honorifique affectée au fimple Soldat. On ne la donne qu'après vingt-quatre ans de fervice. Cette époque eft trop reculée pour une Récompenfe fi peu intéreffante. Il faudroit, en y

_____

(1) Parmi tant d'efpèces d'hommes qui desho- norent la Croix de S. Louis, on pourroit citer, fur-tout, ces valets de Cardinaux, appellés *Cauda- taires*. N'eft-il pas fcandaleux de voir ce figne ho- norable fur la poitrine de celui qui va tenant dans fes mains le pan de la robe de fon maître. On s'indigne de tant de baffeffe d'une part, & de tant d'orgueil de l'autre. C'eft donc du milieu du fafte le plus recherché & le plus fuperbe que ces Mi- niftres de l'Evangile prétendent nous commander l'humilité. Ah! s'ils regorgent de richeffes, pendant que des hommes qui leur font égaux ou fupérieurs par la naiffance, manquent du néceffaire, qu'ils fe- courent ces infortunés fans les avilir!

attachant des avantages plus marqués,
la fixer au terme de seize ans, pour
exciter les Soldats à contracter un second
engagement ; car remarquez que presque
tous se retirent après un premier congé,
assez jeunes encore pour suivre une
autre carrière. Mais lorsqu'ils ont porté
les armes pendant seize années, l'habitude & l'inaptitude à tout autre
état, suffisent pour les tenir sous les
drapeaux.

Comme on punit un Corps Militaire
qui commet une lâcheté, ne devroit-on
pas récompenser ceux qui se distinguent ?
L'Etat - Major des Corps, dans ces
cas, se ressent, presque seul, des
bienfaits du Souverain ; & je conviens
qu'il seroit difficile de les répandre
sur tous les individus, à moins que
ces bienfaits ne consistassent en argent ;
ce qui deviendroit une dépense oné-
reuse, & fort de l'esprit de mon systême. J'imagine une Récompense, qui,
sans être d'aucun poids pour l'Etat,

feroit très-précieufe aux Régimens qui
l'obtiendroient, très-propre à produire
& perpétuer dans ces Corps un excellent efprit.

Dans les fiécles de la brave chevalerie, quand un Guerrier fe diftinguoit
par une action d'éclat, cet action re-
préfentée fur fes armoiries étoit pour
lui un aiguillon à de nouveaux exploits.
Pourquoi ceux d'un Régiment ne feroient-ils pas figurés aufli fur fes drapeaux ? Combien la vue de pareils étendards animeroit la confiance & la valeur
du Soldat! avec quelle ardeur il combat-
troit pour les défendre! & quels heureux
efforts les Régimens privés de ces marques glorieufes, ne feroient-ils pas
pour en obtenir de femblables! Ces
nobles images ne feroient pas un fimple
objet de ralliement, comme les drapeaux
infignifians de nos jours ; mais un monu-
ment cher & refpecté, un talifman
puiffant pour éveiller l'honneur & le

courage (1). Peu de Guerriers peuvent par leur grade prétendre à une gloire personnelle. Au défaut de celle-là, il faut les intéresser à la gloire de leur Corps. On ne sait pas jusqu'à quel point le simple Soldat peut s'enflammer pour l'honneur de son Régiment. Je le dis, sur-tout, du Soldat François si susceptible de toute espèce d'enthousiasme, disposition dont une politique habile pourroit faire naître tant de prodiges.

---

(1) Depuis que ce Chapitre est écrit, j'ai su que l'idée que je propose est exécutée en faveur du Régiment de la Couronne. Mais il en est un si grand nombre d'autres qui ont mérité le même honneur !

CHAPITRE XV.

Continuation du même Sujet.

IL eſt un attrait, ſinon auſſi puiſſant, du moins plus à portée de la multitude que celui de la gloire : c'eſt l'avancement. Cet attrait agit même ſur les ames les plus hautes ; elles ambitionnent les grades comme un moyen de parvenir à la renommée.

Voilà donc entre les mains du Gouvernement un reſſort d'une influence univerſelle. Si cette influence étoit ſagement dirigée , quels heureux effets ne produiroit - elle point ? Mais quand l'art de plaire , de flatter , de ramper , d'intriguer , eſt par-tout le mobile de l'avancement ; quand , ſous les drapeaux , comme autour du trône , le talent le plus utile pour s'élever , eſt celui de courtiſan ; l'homme ſupérieur & fier reſte dans l'oubli ; l'homme mé-

diocre & vil eft appellé aux grades &
à la fortune.

Ce funefte afcendant de la faveur n'eft
pas le feul abus qui barre la carrière au
mérite. J'apperçois une autre caufe de
ce mal dans notre Conftitution. Ni les
Officiers des Corps ne font à portée
d'être connus des Officiers-Généraux
Infpecteurs, arbitres de leur avance-
cement, ni les Officiers-Généraux eux-
mêmes n'ont occafion de fe faire connoître du Souverain & du Public, dont
la voix pourroit éclairer le Souverain.
Et d'abord, pour ce qui concerne les
Officiers des Corps, eft-ce en jettant
un regard fur chacun d'eux, dans l'inftant d'une revue ou d'un exercice, qu'un
Infpecteur peut les apprécier (1)? A

---

(1) Il les appréciera, dira-t-on, fur les notes de
leurs Chefs. Mais fur quoi appréciera-t-il les Chefs
eux mêmes? lui fuffira-t-il, pour les connoître, de
l'apparition fi courte que les Infpecteurs font aux
Régimens de leur infpection? Quant aux notes
données par les Officiers fupérieurs, fur les
Officiers particuliers, je ferai, à ce fujet, une

l'égard

l'égard des Officiers-Généraux, comment évaluer leur capacité pour le commandement des Troupes, lorfqu'ils n'en commandent jamais?

L'exécution du plan d'inftruction que j'ai propofé, indépendamment de fon utilité directe, mettroit les Militaires, de tout Grade, à portée d'être connus & jugés.

J'ai dit que les Troupes du Royaume feroient raffemblées dans les grandes villes de Guerre, tous les ans pendant deux mois; & que chaque jour, durant cette période, elles feroient exercées par les Officiers-Généraux. J'ajouterai ici qu'il importe que les mêmes Officiers-

---

obfervation applicable non-feulement aux Corps Militaires, mais à tout Corps quelconque. C'eft qu'un homme de mérite obtient toujours moins de juftice de la part de fon propre Corps que de celle des étrangers; & cela par une fuite de la même foibleffe qui nous rend moins équitables à l'égard des vivans qu'à l'égard des morts. Nous ne pardonnons le tort de la fupériorité qu'à ceux qui ne font plus, ou qu'à ceux que nous ne voyons pas.

O

Généraux foient toujours attachés aux mêmes divifions, & qu'ils en foient non-feu'ement les Commandans, mais les Infpecteurs. Dans cet efpace de deux mois, & dans cette habitude journalière, combien d'occafions n'auront-ils pas de connoître les Officiers de leur divifion? La fociété même pourra leur en fournir des moyens; car il eft de leur devoir de ne négliger rien de ce qui peut leur procurer la connoiffance de l'efprit & du caractère d'hommes, dont les uns doivent être élevés au commandement & les autres refter fous l'obéiffance.

Je n'ai pas befoin d'obferver, par rapport aux Officiers-Généraux, qu'un plan d'inftruction qui les mettroit fur le théâtre tous les jours, pendant deux mois, ne permettroit ni aux talens & à l'application de refter inconnus, ni à l'ignorance & à l'ineptie de fe dérober. Le Souverain inftruit à cet égard, quand il voudroit l'être, par fes propres yeux,

& par le cri public qui viendroit immédiatement frapper fes oreilles, ne
pourroit fe tromper fur les objets de
fon eftime & de fa confiance ; & l'on
ne tomberoit point dans cette méprife
fi fatale, de donner le commandement
de cent mille hommes à des Généraux
incapables même d'en conduire mille.

Je fais que l'influence de la faveur
ne fera pas entièrement détruite. Mais
je fais auffi que l'opinion publique a la
fienne, qui agit plus ou moins fur les
Adminiftrateurs. Si tous ne font pas
animés de l'amour du bien, tous du
moins veulent le paroître, tous defirent
l'approbation. Ce fera donc un grand
avantage que les talens & l'incapacité
foient univerfellement connus. Cette
notoriété fervira de flambeau à l'autorité
bien intentionnée, & de frein à l'autorité corrompue.

CHAPITRE XVI.

Des Vertus Militaires.

APRÈS avoir parlé des différens moyens de récompense, propres à féconder les Vertus Guerrières, il est à propos de considérer ces Vertus en elles-mêmes. Dans un tems où les plus fausses idées de discipline aveuglent les esprits, où l'on veut que des gens de Guerre soient de purs automates, il importe, sans doute, de montrer la nécessité, & de réveiller le sentiment des Vertus.

CHAPITRE XVII.

Du Courage.

La première Vertu militaire, c'est le Courage sans doute; vérité si triviale qu'il seroit ridicule de s'y arrêter, si de nos jours, il ne se trouvoit des hommes qui la contestent. Que dis-je? c'est peu de refuser au Courage le premier rang parmi les vertus de l'homme de Guerre, ils prétendent qu'aujourd'hui, le Courage ne lui est pas nécessaire.

Cet insensé paradoxe manquoit à tous ceux qu'a produit l'esprit sophistique de notre siècle. Eh! que seroit-ce si le raisonnement venoit se joindre à ce funeste concours de tant de causes qui détruisent cette Vertu chez les Nations de l'Europe, & si leur doctrine conspiroit avec leurs institutions, leurs

O iij

préjugés & leurs mœurs à les rendre lâches.

Que ces Dogmatiftes nouveaux qui prétendent former des Armées invincibles fans Courage, par l'effet de la difcipline & de l'art, jettent les yeux fur toutes les Nations guerrières qui ont exifté. Qu'ils me difent pourquoi ces Romains, ces Spartiates, ces Macédoniens, pourquoi ces Peuples fi terribles ne furent plus rien, malgré le progrès de leurs connoiffances & le rafinement qu'il apporta dans leur fcience Militaire, lorfque, chez eux, le Courage fe fut amolli.

L'invention de la poudre, difent-ils, a tout changé. Maintenant on n'aborde plus l'ennemi. La fcience des manœuvres eft devenue le grand moyen ; le Général qui en poffède mieux le fecret, eft victorieux. Que les Troupes foient inftruites & difciplinées, il n'en faut pas davantage pour le fuccès.

Mettons ces affertions à l'épreuve du raifonnement.

Je remarquerai d'abord qu'il se présente à la Guerre un grand nombre de
circonstances où une Armée n'a ni le
loisir ni la faculté de manœuvrer; &
dans les cas où l'un ou l'autre manque,
la victoire est au plus vaillant. Voilà
pourquoi, dans ces occasions, les Troupes de Prusse, plus manœuvrières que
braves, ont presque toujours été battues, malheur qu'elles auroient éprouvé
plus souvent encore avec un ennemi entreprenant.

En second lieu, peut-on supposer,
dans quelque système de Guerre que ce
puisse être, une seule action où la valeur des Troupes n'influe puissamment
sur le succès ? Combien d'entreprises
aussi bien conçues que bien conduites,
ont échoué, même de nos tems, par
le défaut ou la molesse du Courage !
Combien de fautes la bravoure du Soldat
François n'a-t-elle pas réparé? Combien
de désastres n'a-t-elle point prévenu ?
Eh ! que devenoit notre Armée à Clos-

tercamp, & dans tant d'autres occafions, fans l'héroïfme de nos Troupes?

Au furplus, je crois avoir prouvé
combien eft faux le fyftême de Guerre
actuel, entièrement fondé fur une arme
qui réunit à tant de lenteur dans fon
exécution, & tant d'incertitude dans fes
effets, le grand défaut d'être incompa-
tible avec le mouvement. Or, fi ce
fyftême venoit à changer, fi la manière
de combattre des Guftave, des Turenne, des Condé, des Charles XII,
des Maurice, & qui, probablement eût
été auffi celle du Roi de Pruffe, s'il eût
commandé des Troupes plus valeureu-
fes; en un mot, fi l'ufage de joindre
l'ennemi renaiffoit; c'eft alors, fur-tout,
qu'on fentiroit tout le prix du Courage.

Cet ufage renaîtra, n'en doutons
point. Quelque grand homme uniffant
le favant méchanifme du Roi de Pruffe
à une ordonnance plus folide, en com-
pofera le vrai fyftême de Guerre, par

lequel l'Arme blanche rétablie dans ses droits, & plus que jamais redoutable, redeviendra l'arbitre des combats. Je dis plus : cette révolution ne peut être éloignée. L'illusion que les victoires du Roi de Prusse ont produit en faveur de la Tactique qu'il a adopté, mais à laquelle, malgré le parti qu'il en a su tirer, il a dû bien moins ses succès qu'à l'ascendant de son génie, aux effets de sa présence, & sur-tout au talent de former des Officiers-Généraux, cette illusion finira avec ce Monarque. Notre misérable Tactique moderne tombera dans le mépris dont elle est digne ; la Nation qui, la première, reviendra aux vrais principes, forcera toutes les autres à l'imiter ; & ce grand changement mettra une différence bien marquée, entre les Armées braves & les Armées sans Courage.

C'est donc, à tous égards, une doctrine bien absurde que celle de ces Novateurs qui, pour donner faveur à leurs

fyftêmes deftructeurs du Courage, ont
pris le parti d'en difpenfer le Soldat.
Quand même ces faux fyftêmes pourroient produire le bien dont leurs Au-
teurs femblent les croire capables, qu'ils
fachent que rien ne peut compenfer la
perte du Courage ; que toute méthode
de Difcipline, de Tactique, de Conftitution qui lui eft préjudiciable, par cela
feul, doit être rejettée fans balancer.

Ceci me donne occafion de combattre l'opinion peu réfléchie de plufieurs Ecrivains, tant Militaires que Politiques, qui, trop frappés du dommage
qu'apporte à la population le célibat
des Troupes, invitent le Gouvernement à marier le Soldat ; fans s'appercevoir des conféquences funeftes à l'Efprit Militaire, qui réfulteroient néceffairement de l'introduction de cet ufage.

L'expérience fuffiroit pour preuve à
cet égard. C'eft une vérité reconnue de
tous ceux qui ont la connoiffance particulière des Troupes, que les plus

mauvais sujets des Régimens, en tout
point, ce sont les Soldats mariés. Cela
doit être ainsi. Le premier soin de ce
Soldat, époux & père, & dont la paye
est si modique, est de pourvoir aux besoins de sa famille; & il ne regarde
plus les devoirs d'état qui le détournent de cet objet que comme un ac-
cessoire pénible auquel il s'efforce de
se dérober. La nature le justifie. Lais-
sera-t-il expirer de faim sa famille in-
digente; & peut-on humainement exiger
du zèle & de l'exactitude pour le service,
de la part de cet homme, dont la femme
& les enfans manquent de pain?

C'est au Souverain, dira-t-on, à se
charger de l'entretien ainsi que de l'éducation des enfans des Soldats. Et quant
à leurs femmes, elles se procureront la
subsistance par leur travail.

Quelle foule d'objections n'aurois-je
point à faire à ce raisonnement frivole?
Comment un Gouvernement aussi obéré
que le nôtre, pourroit-il faire face à

une dépense nouvelle auffi grande ?
L'Etat fe chargera-t-il auffi des filles ?
Qu'en fera-t-il ? A l'égard des garçons,
ils feront dès leur naiffance, dévoués
aux drapeaux par la loi du Souverain,
qui s'indemnifera ainfi de l'argent qu'ils
lui auront coûté. Eh ! que deviendront,
dans ce fyftême, les reftes de notre liberté ? Ces Soldats feront des efclaves
nés, des inftrumens aveugles du def-
potifme, qui bientôt érendront leurs
chaînes fur toute la Nation.

Au furplus, il ne fuffit pas que le
Soldat marié foit déchargé de fes enfans, pour que le mariage ne nuife point
en lui aux fonctions & aux Vertus Militaires. Si cet homme vit en ménage
avec une femme, il reftera toujours
mauvais Serviteur & mauvais Guerrier.
Habituellement hors des regards de fes
Supérieurs, il tombera dans le relâche-
ment ; il deviendra ennemi de la difcipline, & récalcitrant contr'elle. En
même-tems que fon zèle s'éteindra, fes

mœurs s'amolliront ; car dans la société
intime & permanente du mariage , la
femme communique toujours à l'homme
une partie de fa foibleffe. Enfin ce
Soldat vivant prefqu'en Bourgeois ,
prendra l'efprit & le caractère d'un
Bourgeois.

On ne peut nier d'ailleurs , que le
nœud de l'hymen ne forme une nouvelle attache à la vie , & par-là , ne
contribue encore à l'affoibliffement du
Courage.

Citera-t-on l'exemple des Soldats
Romains dont beaucoup étoient mariés ? Mais leurs femmes ne les fuivoient
point dans la Légion ? mais l'éducation
& le patriotifme des Soldats Romains
formoient un contre-poids à la molleffe
& à l'attachement du mariage ; mais ,
dans ces tems anciens , où le droit de
la Guerre étoit terrible , les femmes &
les enfars du Peuple vaincu fe trouvant
expofés au fort le plus affreux, on conçoit que la qualité d'époux , de père ,

qui de nos jours refroidit néceſſairement la valeur, devoit alors l'enflammer davantage.

On ne peut donc de l'uſage des Romains à cet égard, tirer aucune conſéquence applicable à nos Troupes. Les raiſons que j'ai expoſées contre le mariage du Soldat ſubſiſtent donc dans toute leur force, & l'expérience s'accordant là-deſſus avec le raiſonnement, il eſt de toute évidence que le Soldat, parmi nous, doit reſter célibataire.

Je le dirois preſque auſſi de l'Officier; car quoique le mariage n'ait pas pour lui l'inconvénient de le détourner des devoirs du ſervice, par les raiſons qu'on apperçoit aſſez; & quoique le ſentiment de l'honneur, plus puiſſant ſur ſon ame, contrebalance en lui davantage les affections de la nature; on ne ſauroit douter cependant, que l'Officier marié ne tienne plus à la vie que l'Officier célibataire. Je remarquerai même, à cette occaſion, que la plupart des grands Hommes qui

ont illustré la carrière des armes, vécu-
rent dans le célibat. Pyrrus, Epami-
nondas, Annibal, Scipion ne se ma-
rièrent point ; Alexandre étoit maître
de l'Asie quand il épousa Roxane. César
répudia sa femme peu de tems après
l'avoir prise, & ne forma point d'autre
union. Dans nos tems modernes, Turenne, Catinat, Montécuculli, Eugène,
Charles XII, le Maréchal de Saxe, ne
connurent point le nœud de l'hymen ;
& l'on pourroit presque compter dans
cette illustre classe de célibataires, l'immortel Fréderic, quoiqu'il ait partagé
sa couronne avec une femme.

A l'égard de la perte qui résulte pour
la population du célibat militaire, elle
est bien moins grande qu'on ne paroît
croire. Les deux tiers, au moins, des
Soldats rentrent, après un certain nombre d'années, au rang des citoyens, &
deviennent pères de famille. Excités
par leur exemple, leurs enfans consacrent
au soutien de l Etat une portion de leur

vie. Cette circulation entretient l'Esprit Militaire dans toute la Nation, & prépare à sa défense des ressources inépuisables. Mais si elle devient absolument étrangère à la profession des armes, si le Souverain y dévoue spécialement un certain nombre de familles qui se transmettront le glaive par succession, & qui tiendront tout du Monarque, jusqu'à la lumière, nous aurons des Janissaires, des Satellites, sans avoir peut-être des Soldats.

Il résulte des observations ci-dessus que le surplus de la population que pourroit produire le mariage du Soldat, se reduiroit à bien peu, si même il y avoit un surplus (1). Ce n'est point par ces petits moyens, c'est par une bonne administration intérieure qu'il faut féconder la propagation ; c'est en

---

(1) La population ne sort pas du sein de la débauche, & toujours elle régnera parmi les femmes de Soldat. Il n'est pas besoin d'en dire les raisons.

extirpant

extirpant les abus qui arrêtent fes progrès dans la maffe générale des Citoyens; c'eft, fur-tout, en arrachant le Peuple à l'indigence, en oppofant à cette pente funefte de l'Etat monarchique, qui entraîne toutes les richeffes vers quelques individus, le contrepoids d'une fage diftribution de l'impôt, laquelle jettant la plus grande partie du fardeau fur l'opulence, foulage la médiocrité, affranchiffe la pauvreté. C'eft par un tel régime que l'aifance fe répandra, peu-à-peu, fur les claffes inférieures; & la population, croiffant dans la même proportion, ne s'arrêtera qu'aux bornes que, dans chaque pays, la nature y fixa elle-même.

Je reprends le fil de mon fujet. Ce qui feroit plus que tout, funefte au Courage, ce font ces châtimens ignominieux contre lefquels je me fuis trop foiblement élevé dans le Chapitre de la Difcipline. Je ne reviendrai point ici fur l'erreur d'une police fi mal adaptée

P

au Soldat François; mais j'infifterai fur la néceffité preffante de fupprimer la loi par qui cette police eft inftituée. Tant que cette loi exiftera, quoique mitigée & prefque anéantie par les mœurs, elle imprimera le fceau du mépris fur l'état de Soldat. Eh, quel aveuglement ne faut-il point pour ne pas appercevoir les conféquences funeftes de ce mépris!

Gardons-nous de groffir cette foule déja trop nombreufe de caufes liguées contre le Courage. Une des principales eft la révolution opérée, au commencement de ce fiècle, dans l'art de la Guerre, par l'entière fuppreffion de l'Arme de longueur. Dès-lors, on ne joignit prefque plus l'ennemi; & cet ufage ceffa totalement à l'époque du changement de forme qui fut fait à la bayonnette. Par ce changement l'adaption de cette Arme au fufil, n'empêchant point l'exécution du feu, fait que l'on s'y borne toujours : de forte qu'elle n'eft plus qu'un inftrument de parade au bout du canon; ou plutôt un outil fort incommode, & fur-tout fort préjudiciable aux effets de l'Arme à feu (1). Que l'inftinct fupérieur de Louis XIV l'infpiroit bien, lorfqu'il rejetta cette bayonnette nouvelle, à la première épreuve qui en fut faite devant lui (2). Du moment qu'elle eut été adoptée, on ne connut plus le combat de l'Arme blanche.

––––––––––––––––––––––––

(1) Et cela par deux raifons. Premièrement, ce furcroît de pefanteur à l'extrêmité du fufil le fait vaciller dans la main, à moins d'une force de poignet prodigieufe ; en fecond lieu, le bout du canon, augmenté de l'épaiffeur de la douille de la bayonnette, ne permet point à l'œil d'ajufter avec la même précifion.

(2) Ce n'eft point que je confeille de revenir à la bayonnette à manche. Ce feroit trop contrarier les idées reçues. La fupériorité de la bayonnette actuelle, admife en fait univerfellement, une Armée à qui l'on feroit reprendre l'ancienne, fe croiroit fort mal armée, & par cette prévention, auroit un défavantage réel. Qu'on s'en tienne donc à la bayonnette exiftante ; mais qu'on lui donne plus de longueur, Voyez ci-deffus le Chapitre des Armes.

P ij

Dès ce moment auſſi, les Troupes Françoiſes perdirent leur aſcendant ; & ſi elles le reprirent à la Guerre de 41, c'eſt que le Maréchal de Saxe, qui s'étoit convaincu par des obſervations réitérées de la foibleſſe de l'Arme à feu, & qui a conſigné ſon mépris pour elle dans chaque page de ſes Mémoires, le Maréchal de Saxe qui, d'ailleurs, connoiſſoit bien le génie des Soldats François, mettant à profit leur impétuoſité, les rappella à leur manière naturelle de combattre.

Je n'entrerai point dans la diſcuſſion trop longue des cauſes politiques & morales qui, chez toutes les Nations de l'Europe, nuiſent plus ou moins au Courage. Cette nouvelle diſcuſſion ſeroit d'ailleurs fort inutile. Les abus qui tiennent à des erreurs d'adminiſtration peuvent être corrigées ; ceux qui naiſſent des mœurs des Peuples & de la Conſtitution des Etats ne fauroient l'être. Je terminerai donc ici ce Chapitre, en obfervant que, malgré la nouvelle doctrine, malheur aux Nations dont les loix ou les mœurs étoufferoient le Courage. Elles en feroient bien peu dédommagées par les reffources de l'art, trop foible garant de la durée des Empires! Il pourra bien leur procurer un moment d'éclat à l'aide de quelque grand Homme. Mais la feule fupériorité permanente eft celle qui a fa bafe fur les vertus. Un Peuple brave & magnanime peut éprouver des revers, des humiliations, par l'effet des circonftances paffagères; mais bien-tôt il fe relève & prend fa place. Voyez Rome tant qu'elle conferva l'énergie de fon Courage. La fortune parut, à diverfes reprifes, avoir juré fa perte ; les Gaulois, Pyrrus, Annibal, l'accablèrent tour-à-tour. Mais peu de tems après on la vit fortir de fes débris & de fes cendres, & charger de fers les mêmes Peuples qui

l'avoient mife aux bords du néant :
plus redoutable , plus puiffante avec
fon feul héroïfme , qu'avec la monarchie
du monde quand cet héroïfme eut
diparu.

CHAPITRE XVIII.

De l'Honneur.

L'HOMME focial a befoin de l'eftime de fes femblables. C'eft pour lui un bien de première néceffité; le mépris en fait une créature miférable. De-là eft né le fentiment de l'Honneur qui dirige au bien les actions humaines, par la crainte du mépris & le défir de l'eftime.

L'Honneur eft un fupplément néceffaire à la loi dont l'influence ne peut s'étendre fur toutes nos actions. Là où finit l'autorité des loix, l'empire de l'Honneur commence : empire plus defpotique que celui de la loi; car lorfque ces deux maîtres de l'homme fe trouvent en contradiction, c'eft l'Honneur qui l'emporte.

Après le patriotifme, cette fource des vertus antiques, l'Honneur eft le fentiment qui élève le plus la nature

humaine. Quels effets puiffants & fa-
lutaires n'a-t-il pas produit dans les
fiècles barbares qui fuivirent la deftruction de l'Empire Romain! Quelle grandeur n'a-t-il point donné à des hommes
à demi-fauvages! Ce fut lui qui créa
cette Chevalerie fi vaillante & fi gé-
néreufe, protectrice de la foible humanité, au milieu de l'anarchie des loix
& de l'atrocité des mœurs, & dans le
fein de qui parurent s'être réfugiées
toutes les vertus bannies du refte de la
terre.

Il fe préfente ici deux queftions;
1°. eft-il vrai que l'Honneur entre plus
dans le caractère du François que dans
celui des autres Peuples? 2°. En admettant le fait, quelles en font les
caufes?

C'est par l'Hiftoire feule qu'il faut réfoudre la première de ces queftions.
Confultez-là. Comptez, comparez les
traits d'héroïfme & de grandeur d'ame
qu'offrent les annales de chaque Nation

moderne, & décidez. J'ajouterai que les Etrangers eux-mêmes semblent unanimement convenir que l'Honneur est le trait distinctif du Peuple François.

Quant à l'explication de ce problême, elle doit être précédée de quelques réflexions historiques.

Chaque Nation de l'Europe moderne est un mêlange de plusieurs autres Nations; & son génie est le produit du génie combiné de tous ces Peuples (1). Quels sont ceux dont l'assemblage forme la Nation Françoise? Je vois d'abord les Gaulois, deux fois vainqueurs de Rome, & que le plus grand des Romains eut tant de peine à dompter. Je vois ensuite ces Romains eux-mêmes, qui, de toutes les contrées conquises par leurs Armes, préférèrent la Gaule pour leur établissement, invités par le voisinage, la beauté du climat & l'abon-

─────────────────

(1) Il s'agit ici du génie originel que le cours des événemens modifie, mais ne change point.

dance du fol. A ces deux Peuples fe joignent les Francs, Nation qui refpiroit la Guerre & la liberté; enfin les Normands, ces derniers vainqueurs de l'Europe.

De l'amalgame de tous ces Peuples devoit réfulter fans doute, un Peuple magnanime; & c'eft dans cette compofition de la Nation Françoife, que je découvre la première caufe de cet Honneur qui la caractérife.

La feconde eft dans la conftitution particulière de notre Monarchie, & le livre célèbre de l'Efprit des Loix me difpenfe d'entrer dans la preuve à cet égard.

J'apperçois une troifième caufe de cet effet dans l'efprit de fociabilité du Peuple François. Là où les hommes, plus communicatifs, fe voient & s'obfervent davantage, ils doivent faire plus de cas de leur eftime réciproque. Le raffemblement des fexes qui réfulte de ce même efprit, les liaifons mêmes de l'amour, quand il eſt un ſentiment & non une débauche, concourent encore à fomenter la paſſion de l'Honneur.

Enfin, le caractère ſenſible & enthouſiaſte de la Nation, caractère qui ſe manifeſte par des tranſports ſi vifs & ſi flatteurs envers ceux qui l'ont ſervie ou illuſtrée, doit, chez elle, donner un prix infini à l'eſtime publique.

Nation aimable & généreuſe ! toi dont la reconnoiſſance & l'amour ſont parmi nous, la plus précieuſe, & quelquefois la ſeule récompenſe du grand homme; ah ! ne te borne point à rendre hommage au mérite; ſache auſſi t'indigner contre les forfaits. Flétris, accable de tes mépris ces hommes qui te deshonorent, qui rendent ſtérile ton zèle, ton courage, toutes tes vertus; & que le coupable adroit ou puiſſant qui, chez toi, ſi ſouvent, ſe dérobe au glaive de la loi, ſoit écraſé ſous le poids de l'opprobre.

Aujourd'hui que l'amour de la Patrie

n'exifte nulle part & ne fauroit même exifter, l'Honneur eft le reffort le plus puiffant que le Légiflateur puiffe mettre en œuvre pour parvenir au grand but du bien général. Vérité importante, apperçue par l'illuftre Montefquieu, mais qu'il n'a peut-être pas affez développée pour les efprits ordinaires, qui n'ont vu qu'une opinion fyftématique, dans l'idée la plus grande, la plus féconde & la plus utile.

C'eft, fur-tout, dans la profeffion Militaire, que ce mobile, habilement employé, produiroit des grandes chofes. Mais c'eft-là principalement que fe découvre le défaut de fageffe & de vues de la politique moderne. Je ne répéterai point ici ce que j'ai dit ailleurs à ce fujet (1) ; & je me bornerai à une réflexion. Les Anciens, portés à l'héroïfme par l'amour de la patrie, avoient bien moins befoin que nous d'y être ex-

_____

(1) Dans le Chapitre des Récompenfes.

cités par le motif de l'Honneur. Et cependant qu'on se rappelle tout le soin que prenoient leurs Gouvernemens pour entretenir ce sentiment parmi leurs Guerriers ; qu'on se rappelle ces distinctions éclatantes , ces pompeux hommages dont le mérite militaire, chez eux , étoit récompensé. Faut - il donc s'étonner qu'entre leurs vertus & les nô-tres, il y ait tant de différence !

CHAPITRE XIX.

De l'Amour de la Gloire.

L'AMOUR de la Gloire & l'Honneur font deux modifications du même fentiment , & ne diffèrent qu'en ce que le premier fe propofe une plus vafte jouiffance d'eftime , puifque, à cet égard, il embraffe dans fes défirs, tous les Peuples & tous les âges.

Après tout ce que le célèbre Helvétius a dit de l'influence de cette paffion fur le génie, je ne m'arrêterai point là-deffus. Je ferai feulement une obfervation relative à mon fujet. Si les grands Hommes de Guerre font plus rares aujourd'hui dans notre Nation, qu'au fiècle dernier; ce n'eft pas fans doute, que les François d'à-préfent naiffent différens des François de Louis XIV. La nature produit encore parmi nous des Turenne & des Luxembourg. Mais cette ardeur de gloire qui fit éclore chez nos ayeuls tant de talens fublimes, n'échauffe point leur frivole poftérité. Toute notre activité s'eft tournée vers les petites chofes; & nous ne favons plus nous enflammer pour ce qui eft noble, pour ce qui eft grand.

Avouons cependant, que depuis quelques années une fermentation falutaire paroît s'être faite dans nos efprits. Un nouveau règne, commencé fous d'heureux aufpices, une grande révolution dans le monde, dont la France a été le mobile principal, femblent avoir rendu quelque reffort à notre Nation. C'eft à la fageffe éclairée & agiffante du Gouvernement à nourrir ce feu rallumé. Pour affurer la défenfe d'un Etat, ce n'eft pas affez de faire une garde attentive fur fes frontières, d'entretenir des nombreufes Armées, d'élever des puiffantes fortereffes. Il faut veiller

avec foin à la confervation du génie
national ; c'eft l'ame des Empires , qui
tombent en diffolution dès l'inftant qu'ils
en font privés.

CHAPITRE XX.

CHAPITRE XX.

De la Frugalité.

QUELLE révolution s'est faite à cet égard dans nos Armées, depuis environ un siècle ! Turenne, en campagne, mangeoit des viandes communes dans des assiettes de fer. Aujourd'hui la table du moindre Officier-Général est servie & décorée, sur un champ de Bataille, avec la délicatesse & la magnificence d'un festin. Le grand Homme que je viens de nommer, tous les Officiers-Généraux de son tems, Louis XIV lui-même, dans ses premières campagnes, alloient au rendez-vous de l'Armée à cheval; & maintenant l'Officier particulier, l'Officier subalterne ne veulent plus voyager qu'en voiture.

Ne dissimulons point que c'est pendant le règne même de Louis XIV, qu'a commencé cette corruption. Le

Q

Marquis d'Humières qui, à la tranchée, devant Arras, donna l'exemple fcandaleux de fe faire fervir des ragoûts & des entremets dans de la vaiffelle platte, eut dû être caffé fur le champ, & renvoyé de l'Armée avec ignominie.

Louis XIV & Louvois font inexcufables d'avoir fouffert l'introduction du luxe & de la molleffe dans nos Armées. Par quel aveuglement ne prévirent-ils pas les effets pernicieux de ce poifon? Comment ce Louvois, qui fit tant de Loix Militaires, n'en porta-t-il point pour arrêter un défordre fi fatal? Il mérite bien plus de blâme, pour cette grande faute, qu'on ne lui doit de reconnoiffance pour les fuccès paffagers qu'on lui attribue.

Aujourd'hui le mal eft d'autant plus difficile à guérir, qu'il eft porté à l'extrême. Et cependant tout eft perdu fi l'on n'y remédie; tout eft perdu fi la fageffe & la fermeté du Gouvernement ne rétabliffent la fimplicité des mœurs

Militaires dans nos Armées, & fur-tout dans la claffe des Officiers-Généraux.

Le Réglement provifoire de 1778, fur le fervice de campagne, au milieu d'une infinité de fages difpofitions, en contient plufieurs relatives à l'objet dont il s'agit ; objet bien digne, fans doute, de fixer l'attention du Légifla-teur. Mais qu'il me foit permis d'ob-ferver que ce Réglement, beaucoup trop indulgent pour les vices du fiècle & de la Nation, laiffe encore un champ bien vafte au luxe de nos Armées. Comparez ces Loix fomptuaires à celles des Armées de Pruffe, vous y trou-verez une différence frappante, & ce-pendant ce luxe modique des Officiers Pruffiens paroîtra prodigieux, auprès de la fimplicité févère des Généraux de la Grèce & de Rome, dans le tems même que ces contrées étoient au comble de la fplendeur & de l'opuelnce. Des citoyens Romains, auffi riches que des Rois, fe foumettoient, dans les camps,

à la vie auftère & fobre du fimple
Soldat , logeoient comme lui fous la
tente , fe nourriffoient des mêmes ali-
mens, marchoient à pied à la tête des
Légions. Ainfi, tandis que le luxe inon-
doit déja les villes , la Frugalité ré-
gnoit encore dans les Armées. Et voilà
ce qui fauva l'Empire Romain ; voilà
ce qui prolongea fa gloire Militaire
bien avant dans les fiècles de la corruption.

Un abus introduit dans les Armées
modernes par la Loi même , eft cette
infenfée progreffion de luxe , qui va
toujours s'élevant avec le grade , &
doublant prefque dans chaque grade
fupérieur. Comme s'il y avoit une
échelle progreffive de befoins en même
proportion ; comme fi un homme pouvoit en avoir cent fois plus qu'un autre
homme ; comme fi, au-delà d'un certain
terme, pour les gens même délicate-
ment élevés , tout le refte n'étoit pas
frivole oftentation ; & comme s'il étoit

bien néceffaire de tranfporter dans les camps ce fafte que la vanité opulente étale dans le fein des villes (1)!

Sans exiger des hommes de nos jours des vertus au-deffus de leur foibleffe, & prenant nos mœurs pour ce qu'elles font, je dis qu'il n'y a pas une feule raifon folide pour qu'un Officier Général tienne tous les jours à l'Armée une table de vingt couverts, qu'il traîne à fa fuite plufieurs caroffes, trente ou quarante chevaux, avec prefque autant de valets. Si l'on fe repréfente cette

---

(1) Je ne parlerai point ici de cette extravagante profufion, auffi pernicieufe à la fanté que ruineufe, qui règne maintenant à la table des fimples Officiers des Corps dans les garnifons, & dont la plupart des Colonels font les premiers à donner le funefte exemple. Ce qu'il y a de plus ridicule & de plus pitoyable en même-tems, eft de voir tel Officier qui, chez fes parens ou dans fon ménage, feroit obligé de borner fes repas à deux ou trois plats fouvent fort communs, faire un vacarme fcandaleux fi, des trente plats peut-être, qui paroiffent, à plufieurs fervices, fur fa table d'auberge, un feul a été négligé par le cuifinier.

foule d'Officiers-Généraux qui peuplent
nos Armées, quel total effrayant !
quelle immenfité d'embarras ! quelle
énormité de confommation ! Et voilà
ce qui fait que les Armées Françoifes
ont tant de peine à fubfifter, qu'elles
dévorent un pays avec la rapidité d'un
incendie. Voilà ce qui leur rend néceffaires ce nombre infini de magafins
& de convois fi ruineux, ces pofitions
fi étendues & fi difficiles à garder.
Voilà ce qui les oblige à cette dif-
perfion de leurs forces. Enfin, voilà ce
qui, à chaque Guerre, nous entraîne
dans de fi grandes dépenfes, & fouvent
dans de fi grands malheurs.

Et, d'ailleurs, fe peut-il que le foin
de tenir tous les jours une table fplen-
dide, de furveiller une maifon nombreufe, que les attentions & les diftrac-
tions diverfes, fuite inévitable d'un train
fi prodigieux, n'enlèvent beaucoup
d'inftans à l'application que des hommes
fur qui roulent le falut & la gloire de

l'Etat, doivent donner à de fi grands objets ? On auroit beau me dire qu'ils fe repofent de ces foins particuliers fur des gens de confiance. Je foutiens, moi, qu'il n'en eft rien; je foutiens, d'après l'expérience, qu'ils en font leur principale & prefque leur feule occupation. On doit peu s'en étonner. Ils feroient ruinés après quelques campagnes s'ils agiffoient autrement, & beaucoup, malgré leur vigilance économique, font écrafés au bout de deux ou trois années de Guerre, à moins qu'ils ne fe dédommagent de leurs dépenfes exceffives, fur le pays ennemi, & ne fe permettent ce qu'ils doivent punir dans les autres (1), ou que le tréfor du **Prince** ne vienne à leur fecours.

---

(1) Je ne fuis pas oppofé, tant s'en faut, à la maxime que la Guerre doit nourrir la Guerre; & c'eft une folie, fans doute, d'écrafer des fujets pour ménager des ennemis. Ce font les déprédations particulières que je condamne, parce qu'elles font gémir l'humanité, fans foulagement pour le citoyen & fans avantage pour le Soldat.

Comme si l'exemple du Commandant de l'Armée n'avoit aucune influence, le Réglement provisoire n'assigne point de bornes au luxe du Général en chef. A la dernière Guerre on en a vu plusieurs entretenir journellement une table de cent & deux cents couvers. Une si grande magnificence est non-seulement déplacée, indécente, mais suneste à bien des égards. Sans parler de l'appareil épouvantable de cuisine, de provisions, de chevaux, de valets qu'exige un tel état, & de l'énorme surcharge qui en résulte pour l'Armée; quel cahos, quel tumulte dans le logis du Général ! Et s'il a la tête assez forte pour qu'un pareil tourbillon lui laisse toute la liberté de ses pensées, assez de sagesse pour ne point donner à une vaine représentation, aucun des instans que réclament les destinées de l'Etat, déposées dans ses mains; en sera-t-il de même de tous ses alentours, qui influent, plus peut-être qu'on ne pense, sur les grands évènemens ?

L'Ordonnance de campagne du Roi de Pruffe, permet à un Feld-Maréchal une table de 10 couverts feulement, fans deffert ; à un Lieutenant-Général 8 couverts & 6 plats, fans deffert ; à un Major - Général, 6 couverts & 5 plats, fans deffert. Il y a loin, fans doute, de cette fobriété aux feftins donnés par nos Officiers-Généraux. A l'égard de cette attention du Roi de Pruffe à fupprimer tout deffert, elle eft fondée apparemment fur ce que ce fervice, de pur agrément, prolonge inutilement le repas, & peut même devenir une occafion d'intempérance. Peut-être ce Prince s'eft-il fouvenu qu'un de fes prédéceffeurs, moins vigilant que lui (1), fut furpris à table, avec tous les Généraux de l'Empire, par le Maréchal de Turenne, qui, dans cette occafion, avec vingt mille François, battit, prit ou diffippa foixante-dix mille Impériaux.

_____

(1) Le grand Electeur.

Je n'ai point parlé des équipages de Régiment qui exigeroient aussi une réduction. D'après le nombre de chevaux accordé par le Réglement, la somme totale de ceux d'une Brigade d'Infanterie s'élève à 542. Cette quantité est exhorbitante. Il n'est point de grade, excepté celui de Sous-Lieutenant, qui ne puisse supporter une diminution à cet égard ; lorsque, sans aucune condescendance pour la vanité & la mollesse, on réduira l'équipage de chaque Officier au nécessaire véritable, & même à la décence que, suivant nos préjugés frivoles, chaque grade peut exiger.

CHAPITRE XXI.

De la Patience.

CETTE vertu, la moins brillante de toutes, n'eſt pas la moins précieuſe à la Guerre : c'eſt elle qui prépare les ſuccès & qui en fait recueillir le fruit. On accuſe les François d'en manquer. Ils ſont bons, dit-on, pour les actions impétueuſes, mais incapables de celles qui demandent un courage perſévérant, une conſtance opiniâtre.

Ce ſont cependant, répondrai-je, ces François ſi légers, ſi aiſés à rebuter; ce ſont même ceux de ces François qu'on taxe plus particulièrement de ce défaut, les habitans de nos Provinces Méridionales, avec leſquels Henri IV a conquis pas à pas le Royaume de ſes ancêtres, au prix de mille combats, mille travaux, & malgré la multitude d'obſtacles que lui oppoſoit la fureur d'un peuple fanatique, appuyé de toute la politique de la Cour de Rome, & foutenu par toutes les forces de la Monarchie Efpagnole. C'eft encore avec des François que, dans le fiècle dernier, Turenne, le temporifeur, a fait ces campagnes, auſſi longues & pénibles, que favantes, qui feront à jamais l'admiration de la poſtérité.

Les Anciens & les Modernes ſe réuniſſent pour vanter la retraite des dix mille. La retraite de Prague eſt-elle un moindre phénomène dans le même genre? Et dans le moment où j'écris, les Troupes Françoiſes, répandues dans toutes les régions du globe pour défendre les Peuples opprimés par une Puiſſance avide & tyrannique, ne bravent-elles pas, avec perſévérance, l'intempérie des climats les plus oppoſés, depuis les glaces de l'Amérique feptentrionale, jufques aux ardeurs brûlantes de l'Afrique & de l'Indouftan?

N'exagérons pas les défauts de notre

Nation; ne la calomnions pas, à l'exemple
de tant d'Ecrivains qui ont abulé &
qui abusent tous les jours avec excès
de son indulgence & de celle du Gouvernement. Le Philosophe de Genève
l'a calomniée lorsqu'il a dit que ce n'est
point avec des François que César eut
soumis les Gaules, & qu'Annibal eut
traversé les Alpes. Ah! qu'on donne
à nos Armées des Annibal & des César,
elles feront plus encore (1).

_____

(1) Les sarcasmes lancés par le Citoyen de Genève, contre la Nation Françoise, ont été surpassés
de beaucoup par plusieurs de nos Ecrivains vivans.
Un Auteur en Angleterre, qui oseroit ainsi décrier
son pays, seroit puni par l'autorité, si, auparavant,
il n'étoit massacré par le Peuple; car observez que
les Ecrivains, les Orateurs de cette île, qui se
permettent d'attaquer tout, jusqu'au Souverain, ne
parlent jamais de la Nation qu'avec respect. Les
Peuples, ainsi que les Particuliers, ont besoin d'estime pour avoir des vertus; d'où il s'ensuit qu'une
Nation n'auroit pas d'ennemis plus funestes que des
Ecrivains dont les déclamations tendroient à la
rendre méprisable aux yeux des Etrangers & aux
siens propres.

Une méprife fort commune, eft de confondre la Nation Françoife avec les fybarites de la Capitale & de la Cour. Il eft vrai que ces hommes efféminés, revêtus quelquefois des premières places de nos Armées, leur ont été trop fouvent funeftes. Il eft vrai qu'on en a vu, foulant aux pieds la gloire, l'honneur, le devoir, précipiter la fin d'une campagne, négliger l'inftant propice à la victoire, ou en perdre le fruit, pour aller fe replonger dans les plaifirs abjets ou frivoles de cette Capitale, loin de laquelle ils fembloient ne pouvoir refpirer.

Mais avouons auffi que dans ce féjour de la molleffe & de la corruption, il eft des hommes, heureufement nés, chez qui le fentiment de l'héroïfme triomphe & de la foibleffe du tempérament, & de la frivolité de l'éducation, & de la dépravation même des mœurs. C'eft à eux d'apprendre par l'exemple de leur conftance, non à nos

Soldats (1), mais à nos Officiers, à tout souffrir, comme ils savent tout oser. Pour affronter la mort, il ne faut qu'un courage ordinaire. Il y en a bien plus, sans doute, à supporter la longueur des travaux & des privations. Mais que dis-je? les privations & les travaux disparoissent & se changent en voluptés aux yeux de celui que la gloire enflamme. Il les regarde comme le chemin de la renommée; & bien loin d'en être effrayé, il les embrasse avec transport.

_____

(1) La trempe du Soldat François n'est pas telle qu'on paroît croire généralement. Ce Soldat est tiré du Peuple, & cette classe, parmi nous, est trop garantie par la misère des effets pernicieux de la mollesse. Il n'est pas vrai que nos Soldats redoutent la fatigue & le travail; il n'est pas vrai qu'ils soient incapables de les soutenir. En général, ils sont actifs, nerveux, bien constitués; & la cause de leurs maladies ne réside point dans la foiblesse de leur tempérament; mais, comme je l'ai déjà observé, dans les vices de leur régime.

CHAPITRE XXII.

De l'Education Militaire.

Il faut que l'Education prépare les Vertus, autrement elles feront toujours difficiles & rares. Un célèbre Philosophe de nos jours, avance qu'il y a tel tempérament, telles habitudes qui rendent impoffible la Vertu. Cela eft vrai, du moins des Vertus Guerrières. La volonté ne fuffit point pour les pratiquer. Eh! combien de fois en ce genre, les plus généreufes difpofitions de l'ame furent vaines par l'impuiffance du corps!

C'eft dans les premières années de la vie qu'on modifiera aifément le tempérament d'un jeune homme deftiné au métier pénible de la Guerre, de manière à lui en rendre les travaux fupportables, & même légers Mais pourroit-on fe diffimuler les difficultés que

l'état

l'état actuel de nos mœurs préfente fur
ce point, comme fur toutes les parties
d'une éducation Militaire?

La vie fimple & ruftique de nos ancêtres y étoit bien plus favorable. Le
grand air que leurs enfans refpiroient
fans ceffe, la liberté, le mouvement dont
ils jouiffoient, l'ufage de tous les jeux
champêtres, l'habitude de toutes les
injures des faifons, leur préparoit une
conftitution faine, vigoureufe, robufte
& prefqu'impafible. La vue continuelle
de la campagne, des maffes, des formes
& des furfaces variées qu'elle préfente,
formoit infenfiblement leur coup-d'œil.
La paffion de la chaffe contribuoit encore à développer cette faculté précieufe, à fortifier leur tempérament, en
même-tems qu'elle exerçoit leur courage. Loin de la frivolité & de la molleffe qui corrompent & rétréciffent nos
ames, leur caractère avoit cette élé-
vation & cette énergie qui, pour en

R

faire des grands Hommes, n'attendoient que la faveur des circonstances.

Quelle absurdité d'appeller Education Militaire celle qu'on donne dans la clôture de ces maisons, entretenues par le Gouvernement à si grands frais, & dans lesquelles les mœurs & la santé se perdent, avec si peu de fruit pour l'instruction ! Si l'on convertissoit le revenu des Ecoles Militaires en pensions, pour les fils des pauvres Gentilshommes, ces enfans seroient élevés bien plus utilement, pour l'Etat & pour eux - mêmes, au sein de leur famille, qu'ils ne le sont aujourd'hui dans ces tristes demeures où leur plus bel âge se consume (1). Une constitution robuste,

_____

(1) Il est nécessaire d'entrer dans quelque détail sur ces pensions. Leur tarif seroit déterminé par le revenu de l'école & le nombre des jeunes gens destinés à le partager. Pour cet effet, il y auroit par Généralité, un tableau sur lequel seroient inscrits le nom & l'âge du fils aîné de chaque pauvre Gentil-

des bonnes mœurs , des fermes principes d'honneur & de probité: ce font
là, fans doute, les plus précieux avantages que puiffe produire l'Education.
Eh, où les recueillera-t-on mieux que
dans la maifon paternelle ? Quant aux
talens & aux connoiffances , nous ne
voyons pas que les Elèves de l'Ecole

---

homme du Département ; & pour prévenir toute
partialité, ce tableau feroit dreffé par la Nobleffe
du reffort, elle même, ou par fes Députés, conjointement avec l'Intendant. Je fuppofe que la
répartition des rentes de l'Ecole, donnât feulement
des penfions de 600 liv. par tête. Cette fomme an-
nuelle dont les Chefs de famille ou les Curés feroient
conftitués économes, avec charge d'en rendre
compte, fuffiroit & au-delà, pour procurer une éducation honnête à ces jeunes gens auxquels les parens fourniroient au moins la fubfiftance. Lorfqu'ils
entreroient au fervice, leur penfion feroit réduite
à moitié, & totalement fupprimée à ceux qui, paffé
un âge déterminé, ne ferviroient point, ou qui
embrafferoient toute autre profeffion que celle des
armes; car l'Etat qui, en dernière analyfe, fup-
porte la dépenfe de l'Ecole Militaire, ne doit faire
de pareils facrifices qu'en faveur de ceux qui lui
donnent leur fang.

Militaire furpaffent à cet égard, les autres jeunes gens, malgré cette foule de
Profeffeurs & de Maîtres de toute efpèce que le Gouvernement prit foin
d'y raffembler. Trop d'exemples, dans
tous les tems & dans toutes les carrières,
ont prouvé que ce ne font pas les Edu-
cations recherchées qui font les talens
fupérieurs. S'il eft poffible d'aider la
nature dans cette production, c'eft en
imprimant dans l'ame d'un jeune homme,
des nobles défirs, en y allumant la paffion, le befoin de la gloire. On peut
enfuite s'en repofer fur cette effervefcence falutaire, pour le développement
de fes facultés; fans d'autre maître que
lui-même, il les pouffera auffi loin qu'elles
puiffent aller.

Une chofe qu'on femble ignorer généralement, c'eft que le cœur, non
moins que l'efprit, a befoin qu'on
l'exerce pour fe développer. Que devient donc celui d'un jeune homme qui
paffe tout fon premier âge environné

d'étrangers, d'indifférens? Ce cœur
ifolé fe refferre & fe glace. Le germe
du fentiment & de toute vertu s'y dé-
cheffe & meurt ; car des froides leçons
de morale ne mettront point en fermentation ce germe précieux. Ce n'eft
qu'à la chaleur d'un autre cœur , que
le cœur d'un enfant s'échauffe & s'anime ;
& c'eft du fein d'un père, d'une mère,
que doit partir cette flamme vivifiante.

On ne s'attend pas que je trace ici
le tableau d'une Education Guerrière ;
& je me bornerai à préfenter quelques
vues fur cet important objet.

Je connois un ancien Militaire qui,
après avoir payé un tribut honorable à
la patrie, s'occupe aujourd'hui, dans
une province reculée, de l'éducation de
fon fi's unique qu'il deftine à la profeffion où lui-même a blanchi. C'eft à ce
père eftimable que je m'adrefferai dans
ce Chapitre, pour donner quelqu'intérêt à mes réflexions, que je foumets à
fes propres lumières.

R iij

Le grand secret, en tout genre d'Education, est de disposer favorablement les circonstances autour d'un jeune homme, & de lui porter par la main du hasard, l'impression dont on veut le frapper. Vous voulez inspirer à votre fils la passion de la gloire Militaire, pour lui faire acquérir les talens qui peuvent la lui procurer un jour, vous y réussirez aisément. Cette gloire, en dépit des murmures de la Philosophie, est celle dont les hommes ont toujours été le plus épris, sur-tout dans l'effervescence de l'âge. La simple lecture de l'Iliade entraîna le jeune Alexandre vers les combats ; & l'histoire de ce Conquérant fit un Héros de Charles XII. Vous pouvez, sans sortir de nos annales, offrir un modèle plus parfait à l'émulation de votre fils. Il a souvent oui parler de Turenne, & ce grand nom excite déja son respect. Vous l'intéresserez plus vivement pour cet homme immortel, si vous mêlez à propos dans

vos entretiens, tantôt une anecdote de
sa vie, tantôt le récit de quelqu'un de
ses exploits. Quand vous aurez ainsi préparé l'esprit de votre Elève, faites
tomber sous sa main l'histoire de ce
grand Homme; avec quelle avidité il
la lira! comme il s'enflammera! il ne
pensera, ne rêvera qu'à Turenne : &
le voilà déja, dans le secret de son cœur,
l'émule de cet illustre Général.

Ne laissez pas s'évanouir dans la dissipation, comme il arrive trop souvent,
ce premier élan du jeune homme vers la
gloire; donnez un aliment utile au feu
que vous avez allumé dans son imagi-
nation; formez - lui une bibliothèque
Militaire : n'y mettez pas les livres di-
dactiques, qu'il n'est pas encore en état
de comprendre, & qui le rebuteroient
par leur sécheresse. C'est de vous qu'il
apprendra, plus aisément qu'avec un
livre, les termes & les pratiques de
l'Art. Ne composez cette collection que
d'ouvrages purement historiques C'est

R iv

par eux que vous entretiendrez son enthousiasme pour les grands Hommes &
les grandes choses ; que vous le pré-
serverez de la frivolité de notre siècle,
& que vous lui donnerez une expérience
anticipée pour la carrière qu'il s'ap-
prête à parcourir.

Cette lecture , que vous partagerez
avec lui , fournira à vos conversations
un texte aussi vaste qu'intéressant & ins-
tructif. En parcourant ensemble la grande
chaîne des évènemens Militaires, vous
ferez la comparaison de l'Art de la
Guerre des Anciens avec celui des Modernes. Vous remarquerez ce qu'ils ont
de commun & de différent ; vous ob-
serverez que si l'invention de la poudre
a dû produire des changemens indis-
pensables, il est des principes fondamentaux auxquels cette découverte n'a
pas dû donner atteinte ; & peut-être
trouverez-vous que l'époque, déja reculée d'un siècle, où le système moderne s'est le plus rapproché de l'ancien,

eſt celle de la plus grande perfection
de l'Art, depuis l'antique Rome (1).

L'étude de l'Hiſtoire vous conduira
naturellement à celle de la Géographie.
Ces deux Sciences ſe prêtent une lumière & un intérêt réciproques. Avec
quelle ardeur le jeune homme ſuivra,
ſur la carte de l'ancienne Grèce, la
marche d'Alexandre en Aſie? C'eſt ici,
lui direz-vous, que ce Conquérant paſſa
à la nage le fleuve du Granique, au
milieu d'une grêle de flèches; là il jetta
dans la mer cette digue fameuſe qui le
rendit maître de Tyr; en cet endroit
étoit Arbelles, qui fut témoin d'une ſi
brillante victoire; & dans cette plaine
ſe donna la bataille ſanglante & dé-
ciſive, qui mit dans les mains de ce jeune
Héros le ſceptre de Darius, avec ſa
femme & ſes filles, dont la vertu n'eut
point à rougir.

_____

(1) Je parle de l'Art conſidéré, non dans cer-
taines branches, mais dans ſon enſemble.

Vous fuivrez Annibal dans fon immortelle expédition d'Italie, à travers
la Gaule couverte de forêts, & les Alpes
chargées de neige. Vous l'accompa-
gnerez à Trafimène, à Trébie, & à
cette mémorable bataille de Cannes qui
pouvoit le rendre maître de Rome, &
avec elle, de la moitié de l'univers.

Les Mémoires de Céfar à la main (1),
vous parcourerez avec ce Conquérant,
le pays que nous habitons, pays de tout
tems fertile en hommes belliqueux, dont
la conquête coûta de fi longues années,
tant de périls & de travaux à ce Général
fublime. Vous remarquerez les villes,
dont plufieurs exiflent encore, qui furent affiégées par lui, les lieux que fes
batailles ou fes camps ont rendus célèbres, ceux où l'on trouve encore les
reftes auguftes de fes monumens. Le
jeune homme voyant par toute la

_____

(1) Une nouvelle édition de cet Ouvrage, en-
richie de notes, fávantes par M. le Comte de Turpin,
eft actuellement en vente.

France des veſtiges du plus grand des humains, & ſongeant qu'il foule peut-être, le même ſol où les pas de Céſar ont touché, treſſaillira de reſpect.

En ſuivant ces Généraux dans leurs expéditions glorieuſes, vous remarquerez la conduite qu'ils ont tenue en chaque occaſion, les traits de génie ou d'audace qui leur ont donné la victoire, & les fautes où ils ſont tombés quelquefois; car ces grands Hommes payèrent auſſi leur tribut à la foibleſſe de l'eſprit humain.

La Géographie enſeignée ſuivant cette méthode, entremêlée de faits hiſtoriques & de leçons Militaires, ne ſera point une ſcience aride, & réunira dans un ſeul objet d'étude, pluſieurs ſources d'inſtructions. Vous vous bornerez à une notion générale de la Géographie ancienne : mais vous deſcendrez dans le détail ſur la moderne ; ſur-tout lorſque vous arriverez à ces régions qui ſemblent avoir été créées pour être un théâtre éternel de combats.

Cette étude fervira d'acheminement à celle de la Topographie qui intéreſſe plus directement l'homme de Guerre, & la Topographie vous ménera au Deſſin & à la Trigonométrie. Mais ici les leçons de la théorie ſont inſuffiſantes. Sortez du cabinet, & allez opérer ſur le terrein même (1).

C'eſt en voyant ſouvent la campagne, la toiſant & la deſſinant, qu'on parvient à ſe former le coup - d'œil, ce talent rare, ineſtimable dont on a beaucoup parlé ſans l'avoir défini ja-

---

(1) Si je ne parle point de fortification, c'eſt parce que dans le Chapitre de l'Inſtruction des Troupes, j'ai propoſé, relativement à cet objet, une école-pratique pour chaque ville de garniſon, ſur le même terrein qui ſerviroit à tous les exercices militaires, & qui, par l'un de ſes côtés, pourroit tenir aux ouvrages même de la place. Cette école, dirigée par un bon Ingénieur, ſuffiroit pour apprendre aux Officiers d'Infanterie ce qu'ils doivent ſavoir en matière de fortification de tout genre.

mais; & qu'on ne fonge pas même d'acquérir, d'après le préjugé univerfel que
c'eft un pur don de la nature.

Mais l'univerfalité d'une opinion n'en
prouve pas la vérité. Mettons celle-ci
dans le creufet de l'analyfe. Qu'entend-on
par coup-d'œil Militaire ? Si vous raf-
femblez toutes les idées renfermées dans
ces deux mots, vous trouverez qu'ils ne
fignifient pas uniquement la faculté d'appercevoir en un feul moment tous les
objets, tant fixes que mobiles, compris
fur un champ de bataille; mais encore
l'aptitude à les comparer avec la même
rapidité, non-feulement entr'eux, mais
avec le mouvement, le tems & les dif-
tances. Or, cette comparaifon appartient évidemment à l'efprit. Eh,
quelle multitude de connoiffances & de
principes n'exige-t-elle point ! Et pour
la faire en un inftant indivifible, combien le génie ne doit il pas être fami-
liarifé avec le nombre prefqu'infini de
rapports qui en forment les élémens?

Je conclus donc que le coup-d'œil Militaire, ce prétendu présent de la nature, est le prompt résultat des lumières acquises & d'une habitude exercée.

Une connoissance qui doit couronner toutes les autres connoissances Militaires, est celle de l'homme. Car, en quelqu'Art que ce soit, comment se passer de connoître l'instrument avec lequel on doit agir? Mais le cœur humain qui occupoit une si grande place dans la Science Militaire des Anciens, entre pour peu, ou même n'entre pour rien dans celle d'aujourd'hui, qui semble regarder les gens de Guerre comme des blocs de marbre, & qui procéde dans ses calculs, d'après cette supposition.

Cette erreur, je l'avoue, est très-récente, du moins dans notre Nation; soit qu'elle naisse de cet esprit systématique qui, dans ce siècle, a produit tant de chimères; soit qu'elle nous vienne de l'Allemagne, où la Loi Militaire, digne fille de l'ancienne Loi féodale, a tant de mépris pour l'homme du peuple, qu'elle ne paroît point lui accorder une ame. Quoi qu'il en foit, nos glorieux Ancêtres ne négligeoient pas le plus puiffant mobile de la victoire. Ils fa-voient produire des grands effets, en excitant des grands fentimens.

Henri IV ne manquoit jamais de faire une courte harangue à fes Soldats, & les mots de fa bouche étoient pour eux autant de traits de flamme. Plus cama-rade que Roi de tous ceux qui com-battoient fous fes drapeaux, fon étude & fon talent étoient de gagner les cœurs; & ce fut ce fecret heureux qui le porta fur le trône.

On fait que les Soldats de Turenne ne l'appelloient que leur père, & ce grand Homme en avoit pour eux la tendreffe. Catinat excitoit la gaieté des fiens en fe mêlant à leurs jeux (1).

_____

(1) Qu'on a changé de maximes depuis ce tems-là ! Cette gaieté militaire dont Catinat fentoit fi bien la

Vendôme réparoit, par l'affection de
ses Troupes, ce que son indolence portoit de préjudice à ses projets. Qu'il savoit bien, ce digne sang de Henri,
combien une marque d'estime a de puissance sur l'ame du Soldat François,
lorsque voyant fuir les siens, il dit tout

---

prix, qui entretient la santé du Soldat, qui écarte
toute idée de désertion ; cette heureuse gaieté, si
naturelle à notre caractère, si inséparable, même
de notre valeur, on l'étouffe aujourd'hui de mille
manières. C'est-là, sans doute, un très-grand mal
dont ne se doutent pas ces imitateurs fanatiques
d'un système étranger ; ces ineptes admirateurs d'un
grand homme qu'ils ne comprennent point ; qui
n'ont jamais su voir la différence qu'une infinité
de causes doivent apporter dans le génie des Peuples,
& combien cette différence de génie en exige dans
la Législation. Ces mots même, *Génie des Peuples*,
n'ont aucune signification dans leur esprit. Ils identifient les hommes de tous les pays. l'homme lui-
même, ils l'identifient avec la bête, & prétendent
qu'il faut le conduire par les mêmes moyens. Voilà
la morale militaire du jour ; voilà le funeste délire
contre lequel j'ai cru devoir protester au Tribunal
de la raison, de la patrie, & à celui de la postérité, si mes foibles pensées peuvent parvenir jusqu'à
elle.

haut

haut à un Officier-Général ces paroles
fublimes, que leur cœur comprit, &
qui ramenèrent la victoire : » Laiffez-
» les faire, ils ne fuyent pas, ils vont à
» cet arbre pour fe rallier ».

J'écarte les réflexions que pourroit
faire naître la comparaifon de cet efprit
& de ces mœurs avec l'efprit & les
mœurs du moment. Ces réflexions feroient amères, & je ne veux pas ternir,
par un fentiment douloureux, la douce
impreffion que laiffe dans mon cœur
l'image des vertus & de la grandeur de
nos pères.

CHAPITRE XXIII.

Des Officiers-Généraux.

SI cette multitude d'abus dont nous sommes inondés, n'accoutumoit nos yeux à les voir sans en être surpris, & souvent sans les connoître, combien ne s'étonneroit-on pas qu'il suffise parmi nous, pour devenir Officier-Général, d'avoir reçu la naissance dans une certaine classe de citoyens ? Un jeune homme de qualité, quelque stupide qu'il puisse être, est toujours jugé capable de commander un Régiment, d'où il est élevé progressivement & sans difficulté, jusqu'aux plus hauts grades. Pour être admis aux diverses professions de l'ordre civil, il faut au moins faire preuve de quelque capacité. Mais on peut, sans montrer le moindre talent, parvenir aux emplois de la Guerre les plus importans & les plus difficiles. A la faveur d'un nom on a été inscrit sur le tableau; à la faveur du tableau on arrive à tout.

La multiplicité excessive d'Officiers-Généraux est un autre abus non moins fatal à leur composition; car outre l'impossibilité évidente qu'un corps aussi nombreux ne soit rempli que d'hommes capables, le plus grand nombre, laissé sans exercice, reste ou devient étranger à toute idée Militaire. Cependant la Guerre arrive; le hasard & la faveur forment la liste des Généraux employés; & c'est au jour même du combat, c'est à l'instant qui décide des destins publics, que la plupart de ces Chefs viennent faire le premier apprentissage de leur Art.

La source la plus abondante de cette exorbitante quantité d'Officiers-Généraux, est la Maison du Roi; & l'on ne peut dissimuler, en même-tems, que ce n'est pas la plus féconde en Généraux habiles. Un petit nombre d'exceptions glorieuses (1) ne détruit point la vérité de cette assertion. Eh ! le moyen que des Officiers qui, pour la plupart, ne connoissent l'Art Militaire que par des revues dans la plaine des Sablons, puissent acquérir la supériorité de cet Art ? Disons tout. Le séjour de la Cour n'est pas moins mortel aux talens qu'aux vertus. Comment, au milieu de ce tourbillon d'intrigues qui agite sans cesse le courtisan, de cette multiplicité de soins & de devoirs futiles qu'il s'impose, de cette foule de jouissances qui le sollicitent, auroit-il le goût & le loisir de penser?

C'étoit donc à tous égards, un projet très-salutaire de M. de Saint-Germain, que celui de supprimer la plus grande

_____

(1) L'activité, le zèle, l'application de M. le Duc d'Ayen, ses talens & l'étendue de ses lumières le placent, sans contredit, sur la ligne de ceux qu'on doit excepter. Dans un rang où, pour être honoré, l'on n'a pas besoin de mérite, il est beau de ne vouloir briller que par lui.

partie de la Maifon Militaire de nos
Rois. Mais cette idée, qui ne lui appar-
tenoit que par adoption, & qui, depuis
long-tems, eft dans tous les bons efprits, il n'a pas eu la force de l'exécuter. On peut même préfumer que ce
Miniftre, dans fon plan de réforme de
la Maifon du Roi, n'envifageoit cette
opération que du côté de l'économie,
& qu'il n'en faififfoit pas les rapports
les plus intéreffans, puifqu'il a fi fort
augmenté le nombre des Colonels (1),
augmentation qui doit produire dans
la claffe des Officiers-Généraux une plus
grande furabondance encore.

(1) Je continue à me fervir du mot *Colonel*,
au lieu de l'expreffion *Meftre de camp* qu'on veut
mal-à-propos lui fubftituer. Si l'on croit devoir défi-
gner le même grade dans les deux armes par une
dénomination commune, c'eft la première qu'il
faut préférer, d'abord, parce que la langue de tous
les arts, & fur-tout celle de l'Art Militaire, doit
toujours tendre à abréger; en fecond lieu, parce
que la loi doit adopter les mots de la langue ufuelle
quand il n'y a pas d'inconvénient, à plus forte

Mais que faire, demande-t-on, de tant de jeunes gens de qualité, dans un pays où la carrière des armes est la feule qu'ils puiffent ou qu'ils veuillent courir? Qu'en faire? Je l'ai dit, les obliger de paffer par les grades inférieurs; les y retenir impitoyablement s'ils ne montrent ni talens ni vertus (1). S'ils fe dif-

---

raifon quand il y a de l'avantage. Enfin parce que le terme *Colonel* eft confacré dans la langue françoife par l'ufage de deux fiècles de goût. J'ajouterai que fi l'on fupprime le mot *Colonel*, il faut fupprimer auffi fon compofé, *Lieutenant-Colonel*, qui devient abfurde. Il faut enfin effacer ce mot de toute notre nomenclature militaire. Cette courte difcuffion n'eft point frivole; c'eft au contraire une réclamation du bon fens contre la vérité fi frivole, de parler autrement que le gros de la Nation, d'innover fans le moindre motif, de tourner vers des minuties l'efprit de réforme qu'il faudroit porter fur des objets importans, fur tant d'abus funeftes où l'on ne touche point.

(1) Voilà ce qu'on eut jamais la force de faire. Je citerai en preuve ce grade même de Colonel en fecond, établi, dit-on, pour fervir de noviciat & d'épreuve aux gens de qualité. Parmi ceux qui ont occupé ce grade, en eft-il un feul à qui l'on ait refufé un Régiment?

tinguent, les élever ; si leur zèle se soutient, si leur génie s'étend, les élever encore, les porter avec rapidité jusqu'au faîte. Mais toutefois se prémunir contre l'illusion qui peut naître de cette bienveillance heureuse qu'inspire la jeunesse, & ne point prendre pour des titres effectifs, des flatteuses espérances qui ne sont pas toujours réalisées.

Il faut, dit-on, des débouchés pour les jeunes Seigneurs. Eh quoi ! pour la convenance de ces jeunes Seigneurs, pour l'avantage particulier de quelques Maisons déja accablées des dons de la fortune & des faveurs du Souverain, il faut sacrifier la Constitution Militaire ! Il faut en diriger le plan, non sur le bien général, mais le bien personnel d'un petit nombre d'individus ! c'est-à-dire, en d'autres termes, qu'il faut compter les gens de la Cour pour tout, & l'Etat pour rien !

Mais quel est donc le nombre d'Officiers-Généraux qu'exige notre Constitution ? Il doit être déterminé par celui des Troupes. La même proportion numérique qui exifte dans un Régiment entre les Officiers & les Soldats, doit fe trouver entre les Officiers-Généraux & l'Armée. Voilà l'échelle d'où il faut partir pour établir l'équilibre, la force & le reffort dans la hiérarchie Militaire. Tout excédent de cette proportion en Officiers-Généraux, eft un mal, une furcharge, auffi funefte au bien du fervice, qu'onéreufe à l'Etat, une abfurdité Militaire & Politique.

Mais que la quantité d'Officiers-Généraux foit en raifon de celle des Troupes, on voit naître auffi-tôt un enfemble régulier & nerveux; où tout fe meut, tout agit, s'éclaire & fe perfectionne; où il n'y a jamais ni engorgement ni vuide. S'agit-il d'entrer en campagne? les Troupes fe trouvent commandées par des Chefs qui n'ont jamais perdu l'habitude de les conduire. La faveur ne peut ici avoir d'accès. Il n'y

a pas de nouveaux choix à faire , toutes
les places font affignées & remplies (1).

A l'égard de ceux des Officiers-Généraux qui , par une fuite de cette difpofition, fe trouveroient furnuméraires,
le bien du fervice voudroit qu'ils ne
comptaffent plus fur le tableau. Mais
cette conclufion paroîtroit dure dans
nos mœurs, où l'intérêt public eft prefque toujours immolé aux confidérations
particulières. On pourroit donc , en
attendant la diminution , opérée par
laps de tems , dans le nombre d'Officiers-Généraux , conferver l'activité à
ceux qui feroient fans exercice. Mais
fous condition d'affifter aux écoles an-
nuelles dont j'ai parlé ; & ceux qui s'en
abfenteroient deux ans de fuite , per-
droient rang dans le tableau.

Après tout ce qu'on a dit fur l'abus

_____

(1) Il faut fe fouvenir que j'ai dit ailleurs que
les mêmes Officiers-Généraux feroient toujours attachés aux mêmes divifions.

de ce rang de tableau, je m'abſtiendraî de toute autre réflexion ſur ce point. Mais je remarquerai une inconſéquence bien frappante de notre conſtitution. Il n'a pas lieu, ce tour de tableau, pour ſa nomination aux emplois ſupérieurs de Régiment. Eh quoi! par droit d'ancienneté on ne pourra parvenir au commandement d'un Bataillon ; & dans une autre claſſe d'hommes, ce droit d'ancienneté portera au commandement d'une ligne d'Armée & d'une Armée entière dont le Général en chef viendroit à manquer ? Voilà certainement une des plus folles contradictions qui exiſtent. On ſuppoſe donc qu'un gentilhomme riche de cent mille livres de rente, devenu Lieutenant-Général, ſouvent ſans être ſorti de la Cour, poſſède néceſſairement & par grace de nature, des talens ſupérieurs ; & qu'un gentilhomme de mille écus de revenu, eſt un automate incapable même de mener trois cents hommes au combat !

Cependant quelle différence pour les conféquences du tour de tableau dans ces deux claffes de Militaires ; entre le rifque de mettre un homme inepte à la tête d'un Bataillon , ou d'une divifion d'Armée ? Obfervez , d'ailleurs , que l'Officier de Régiment a , du moins , de fon côté , une longue pratique , & que l'Officier-Général peut fe trouver auffi dépourvu de pratique que de théorie. Je laiffe le Lecteur à fes propres penfées.

Il me refte à faire une réflexion. Le caractère d'Officier-Général fuppofe la connoiffance antérieure des différentes armes ; & cette connoiffance manque à nos Officiers-Généraux , par un vice de conftitution commun à toutes celles de l'Europe. Ce grand inconvénient n'exiftoit point chez les Romains , où le mélange de l'Infanterie & de la Ca-valerie dans fa légion , donnoit à fes Chefs l'habitude des deux armes. Pour

nous, c'eſt en vain que pour y ſup-
pléer, nous avons aſſimilé, autant qu'il
ſe peut, la Tactique de l'une & de
l'autre. Quand même on fut parvenu à
réduire leur méchaniſme à une parfaite
uniformité, leur génie, leurs proprié-
tés, leurs rapports ſeront toujours très-
différens ; de ſorte que celui qui n'aura
que l'expérience de l'une de ces armes,
ſera toujours mal-adroit dans l'emploi
de l'autre.

Pour obvier à ce vice eſſentiel, où
ſeroit l'inconvénient, lorſqu'un Colonel, ſoit d'Infanterie, ſoit de Cavalerie, auroit reſté huit ou dix ans attaché à l'une, tems ſuffiſant, ſans doute,
pour la bien connoître, de le transférer
dans l'autre, ſur-tout pendant la paix?
& avec l'attention de faire peu de ces
changemens chaque année, dans la
poſſibilité d'une Guerre imprévue. Ce
ſeroit là, je crois, le ſeul moyen praticable dans nos conſtitutions, de pro-

curer aux Officiers · Généraux la con-
noiſſance des différentes armes qui leur
eſt ſi évidemment indiſpenſable (1).

Mais en vain le Gouvernement leur
fournira-t-il les occaſions & la facilité
de s'élever à la perfection de leur art,
ſi l'amour de la gloire ne les enflamme.
Lui ſeul peut rendre l'homme capable
de cette ardente application qui dévore
toutes les difficultés d'une ſcience, en
découvre tous les ſecrets, familiariſe
l'eſprit avec toutes ſes combinaiſons,
& le conduit à les former avec une
rapidité qui ſemble plutôt le fruit du
ſentiment que de la réflexion. C'eſt
lorſque l'eſprit eſt parvenu à ce haut
dégré qu'il prend le nom de génie,
qui n'eſt point, comme la pareſſe &

---

(1) Il y a parmi nous des exemples de Colonels
d'Infanterie devenus Colonels de Cavalerie, &
réciproquement : mais cela s'eſt fait par arrangement,
par faveur, & non en vue du bien du ſervice. Ce
qui le prouve, eſt que ces exemples ne ſont point
paſſés en uſage.

l'orgueil se plaisent également à se
le persuader, un présent gratuit de
la nature, mais le produit du travail
autant que de l'organisation.

Les talens naturels ne manquent jamais chez une Nation ; mais, trop
souvent, les vertus qui les fécondent.
Eh, quel Peuple fut plus avantagé que
le Peuple François du côté des dons
de l'esprit ! Si donc les hommes supérieurs dans la Guerre & dans la Politique étoient en petit nombre aujour-
d'hui parmi nous, il faudroit en chercher la cause dans la frivolité de nos
mœurs, dans la dissipation de nos instans, remplis presque tous par une
futile étiquette, par des prétendus devoirs de société, qui nous arrachent
au devoir sacré de nous rendre utiles.
Combien d'hommes, que la nature &
le rang sembloient destiner à la gloire,
& à devenir l'honneur & l'appui de
la Nation, qui, satisfaits de leur naissance, de leurs dignités, du simulacre de

grandeur qui les environne , n'ont
jamais , peut-être , affez élevé leurs
penfées , pour afpirer à une grandeur
perfonnelle ; qui confument leur énergie , leur activité en méprifables intrigues , en vain fracas , en jeux ruineux ,
& qui , enféveliffant leur exiftence
toute entière dans l'étroite fphère
de leurs fens , ne montrent d'autre
foif , d'autre ardeur que celle des
plaifirs de la dernière claffe des humains. Eh , la gloire , leur crierai-je ,
la gloire n'a-t-elle donc pas auffi fes
plaifirs ? Demandez au vieux Vainqueur
de Mahon , demandez au Triompha-
teur de Berguen & de Sanderhaufen ,
demandez au jeune Héros qui força
Cornwalis à rendre les armes (1),

_____

(1) En parlant ainfi du Marquis de La Fayette ,
je ne prétends rien retrancher à la gloire de
l'illuftre Wafington , ni à celle de MM. de Ro-
chambeau & de Vioménil , dont le nom accom-
pagnera celui du Général Américain dans la poftérité. Mais on n'ignore pas avec quel art fupérieur ,
mêlé de fageffe & d'audace , le Marquis de la Fayette ,

quel eſt le raviſſement qui ſuit l'inſtant
de la victoire , & le ſentiment flatteur
que ce ſouvenir répand ſur tous les
momens de la vie. Pénétrez-vous de
cette vérité , enfans des Héros François ! ſouvenez-vous de vos ancêtres !
Ils furent ſi grands ! & vous , voudriez-
vous n'être que de vils ſybarites ? vou-
driez-vous , dans ces lieux mêmes que
vos immortels ayeux illuſtrèrent de leurs
triomphes , traîner des jours inutiles
& mépriſés , & paſſer de la fange des
voluptés dans le gouffre de l'oubli ?
Ah ! laiſſez aux hommes vulgaires les
jouiſſances vulgaires. L'admiration du
monde , la reconnoiſſance de la Patrie ,

---

inférieur en forces à Cornwalis dans cette campagne , qui a décidé à jamais du ſort de l'Amérique,
a ſu le tenir en échec pendant pluſieurs mois, &
le forcer enfin à prendre cette poſition déſavan-
tageuſe qui l'a réduit à capituler avec toute ſon
armée. On n'ignore pas non plus que c'eſt ce jeune
Guerrier que Cornwalis à reconnu pour ſon véritable vainqueur , & auquel il vouloit rendre ſon
épée.

l'eſpoir

l'efpoir d'une mémoire éternelle, voilà quels doivent être vos plaifirs; & s'il vous eft permis d'en goûter d'autres, fongez, du moins, qu'ils deviennent un crime, un opprobre pour vous, lorfqu'ils ne font pas le délaffement des travaux & la récompenfe de la gloire.

T

CHAPITRE XXIV.

Du Général d'Armée.

On peut être bon Officier-Général & très-éloigné encore de cette transcendance nécessaire au Général d'Armée. A l'immensité des connoissances Militaires, il doit réunir la supériorité du génie & du caractère ; assemblage rare dont chaque siècle offre à peine trois ou quatre exemples.

A mesure que l'Art de la Guerre s'est compliqué, que les Armées se font accrues, & que leur front s'est étendu en double raison de cet accroissement & de la diminution de la profondeur, le grand Capitaine est devenu un phénomène plus rare encore. J'oserai dire qu'aujourd'hui il est presqu'impossible de l'être. La sphère que doit embrasser le génie du Général s'est agrandie au-delà des facultés humaines. Entre une

Armée moderne & fon Chef, il n'eſt
plus de proportion.

Un autre grand obſtacle au ſuccès,
pour le Commandant d'une Armée moderne, & ſur-tout d'une Armée Françoiſe, c'eſt l'indiſcipline des Officiers-
Généraux. Comment un Général pourroit-il faire des grandes choſes, quand
ſes premiers agens, les intermédiaires
entre lui & ſon Armée, ſe refuſent à
ſon impulſion ?

Enfin, ce qui, de nos jours, achève
de rendre difficile la carrière du Général, ce ſont les entraves des Cours.
Le Miniſtre, quel qu'il ſoit, a toujours
la prétention de diriger les opérations
de la Guerre. Mais fut-il grand Général
lui-même, à coup ſûr il les dirigeroit
mal. Si le ſecret de la victoire conſiſte
à ſaiſir l'à-propos ; s'il faut modifier,
changer même ſon plan ſuivant la mo-
bilité des circonſtances ; comment un
homme éloigné de l'Armée de trois
cents lieues, pourroit-il en régler les

T ij

mesures? Je dis plus; le plan du Miniſtre
ſeroit-il le meilleur dans chaque occaſion, rarement il réuſſiroit, parce que
ce n'eſt point celui du Général, & que
le génie ne déploie toute ſa force que
dans l'exécution des projets dont il eſt
lui-même créateur.

Que ſera-ce donc lorſqu'on forcera
un Général d'agir contre ſon avis déclaré, & que ſon orgueil même l'intéreſſera à ne point réuſſir.

Ceci me donne occaſion de remarquer que c'eſt un uſage très-imprudent
que celui de tenir Conſeil de Guerre
pour décider une entrepriſe. On peut
s'attendre que ceux qui auront opiné
pour la négative, feront peu d'efforts
pour contribuer au ſuccès D'ailleurs,
les réſolutions audacieuſes qui, communément à la Guerre, ſont les plus ſages,
émanent rarement d'une délibération
générale. Jamais Turenne, avec une
poignée d'hommes, au cœur de l'hiver,
n'eût attaqué & enlevé l'Armée Impé-

riale dans fes quartiers; jamais Guftave Adolphe n'eût traverfé la Mer Baltique fur les flots glacés, & conquis la Nor-wège ; & jamais Fernand Cortez, ni Guillaume le Conquérant, n'euffent brûlé la flotte qui venoit de les dé-pofer fur une terre ennemie, & fub-jugué l'un le Méxique, l'autre la Grande-Bretagne, fi ces grands Hommes euffent livré leur projet à la difcuffion d'un Confeil de Guerre.

Ce n'eft pas affez qu'un Général foit habile, il faut qu'il ait la réputation de l'être. Cette réputation fait la moitié de fa force. Un Chef méprifé, fut-il un grand Homme, ne peut qu'être vaincu. Quand Louis XIV remit à la tête des Armées Villeroi, qui n'étoit connu que par des revers, il fit une grande faute dont il fut juftement puni par la dé-route de Ramilies qui ébranla fon trône (1).

_____

(1) Cette maxime & la fuivante paroîtront, peut-être, d'une vérité triviale ; mais il n'en eft

Dans quelque cas que ce foit, le Commandement à la Guerre ne doit pas être partagé. Si deux Armées fe réuniffent pour agir conjointement, le Général le plus ancien, ou celui que le Souverain nommera, doit exercer le Commandement univerfel. Il ne faut pas qu'ils conviennent de la conduite qu'ils doivent tenir , mais que l'un prefcrive à l'autre ce qu'il doit faire. Les exemples en foule qui prouvent la néceffité de cette fubordination, s'offrent d'eux-mêmes à l'efprit du Lecteur.

Eft-il heureux, demandoit le Cardinal Mazarin quand on lui propofoit un Général? Cette queftion, qui paroît inepte au premier coup - d'œil, étoit pleine de fageffe. La règle la plus fûre, fans doute, pour apprécier un Général, ce font les faits ; & Ma-

---

point de plus importantes , & qui femblent plus ignorées des Cours. Il faut donc les répéter fans ceffe, jufqu'à ce qu'enfin on s'apperçoive qu'elles ont pénétré dans le confeil des Rois.

zarin avoit raifon de confulter ce témoignage plutôt que celui des Cour-
tifans. Car fûrement ce Miniftre n'at-
tachoit pas dans cette occafion, au mot
heureux, la même fignification que
le vulgaire, qui, la plupart du tems,
n'appercevant point l'enchaînement des
caufes de la victoire & de la défaite, les
impute à l'aveugle hafard (1).

(1) Si l'on vous dit d'un Général qu'il eft malheureux, croyez, fans crainte de vous tromper, qu'il eft
mal habile. Je fais que le Prince d'Orange, depuis
Roi d'Angleterre, qui n'a prefque pas donné de
Bataille qu'il n'ait perdue, a été mis par les Hiftoriens au rang des habiles Généraux. Mais on prouveroit fort aifément que toutes fes défaites furent
la fuite inévitable de fes fautes, & non l'effet du
hafard qui n'eft qu'un mot. En examinant fes plans
de bataille & fa conduite dans chaque action
qu'il a livrée, tout obfervateur éclairé fe con-
vaincra que ce Prince n'avoit ni le génie de la
Guerre, ni cet héroïfme qui fupplée quelquefois
au génie. On a prétendu qu'il étoit inventif en ftra-
tagêmes. Mais c'eft un ftratagême bien trivial que
celui de fe fervir d'un efpion pris, pour donner
un faux avis à l'ennemi, comme fit ce Prince à la
bataille de Stinkerque; & fon attaque du camp
François, à Mons, après la nouvelle de la figna-

Un préjugé non moins abfurde & dont néanmoins quelques gens d'efprit ne font point exempts, eft celui qu'on n'ît Général, comme on naît Poëte; préjugé fondé principalement fur l'exem-ple du grand Condé, qui, au fortir de l'adolefcence, gagna fes Batailles les plus célèbres. Mais fi l'on fuivoit avec attention les faits Militaires de ce

───────────────

ture de la Paix, fur la foi de laquelle notre Armée fe repofoit, doit s'appeller, d'un autre nom que celui de ftratagême. Ce qui montre bien la foibleffe de fes talens militaires, c'eft que, malgré l'avantage fi grand que le fort lui donna dans l'une de ces occafions, & que fon machiavélifme lui procura dans l'autre, de furprendre l'Armée Françoife, il fut battu par cet ennemi qu'il eût dû écrafer. On peut donc, fans fcrupule, mettre la réputation mili-taire de Guillaume III au rang des réputations ufurpées. Une chofe qui contribua beaucoup à éle-ver ce Prince dans l'opinion de fes contemporains, fut fa rivalité avec Louis XIV, devenu la haine de l'Eurore, après avoir fatigué 40 ans fon admiration. Pour déprimer ce Monarque, on affecta d'exalter fon antagonifte. On en fit un grand Homme dans les chofes même où il étoit au-deffous de la médio-crité ; & les Hiftoriens ont été dupes de ce jeu des paffions humaines.

Prince, on en tireroit une conséquence
opposée à l'opinion que l'indolence
voudroit établir. On verroit que ses
premiers succès, quelqu'éclatans qu'ils
aient été, doivent l'honorer bien moins
que ses dernières campagnes, notam-
ment celle de 1656, où il eut la gloire
de surpasser en habileté, Turenne lui-
même. On verroit qu'il ne dut ses victoires de Rocroi, de Fribourg, de
Nortingue, qu'à l'ardeur & à l'opiniâ-
treté de son courage; en un mot, on
verroit dans l'Histoire de sa vie, que
s'il fut Héros dans ses premières années,
il ne fut Général que dans sa maturité.

Toute la vie, toutes les pensées d'un
homme que la nature organisa pour
être Général, ne font pas trop pour
l'en rendre capable. La science Militaire est si vaste! & cette science n'est
point infuse. Le talent lui - même, ce
tact intérieur, ne peut se développer
que par l'expérience & par l'étude.
Enfin, la faculté du coup - d'œil, qui

paroît la plus indépendante de toute
culture, eſt néanmoins, ainſi que je l'ai
prouvé, le fruit de l'exercice & des
connoiſſances. On ne ſort donc pas
grand Capitaine des mains de la nature.
Le génie le plus heureux a beſoin d'être
ſecondé par des longs travaux. Mais
celui à qui ces travaux paroîtroient pénibles, peut ſe dire qu'il n'eſt pas né
pour être Général.

C'eſt à la tête d'une Armée que l'influence d'un grand Homme ſur la terre,
eſt vaſte & rapide. Les Souverains, avec
l'amas de leurs Loix, n'opèrent que des
changemens lents & inſenſibles, dont
l'action eſt circonſcrite dans les limites
de leurs Etats. Un Chef d'Armée, dans
la briéveté de quelques inſtans, change
quelquefois la face du monde. D'un ſeul
coup, il briſe, comme des vaſes fra-
giles, ces conſtitutions ſociales, ouvrage
de tant de ſiècles; & ces Rois pacifi-
ques, dont l'indolence fut honorée du
nom de ſageſſe, tombent renverſés dans

la poussière. Heureux le genre humain lorsque les hommes que le ciel doüa de ces talens sublimes & redoutables, n'en font usage que pour la défense de leur pays ; & lorsque dans leurs mains, comme dans celles de Dieu même, la force toute-puissante n'est que l'instru‑ment salutaire de l'ordre & de la justice!

CHAPITRE XXV.

Du Miniftre de la Guerre.

DEPUIS que les Armées font devenues permanentes & plus nombreufes,
le département de la Guerre a acquis
plus d'importance, & fa geftion plus
compliquée, a été plus difficile. Pour
entretenir en tout tems ce nombre prodigieux de Soldats, il a fallu créer une
foule d'établiffemens dont la direction,
jointe à celle des Troupes même, entraîne un détail prefqu'infini.

Mais c'eft en France fur-tout, où
ce département qui réunit fur la tête
d'un feul homme l'adminiftration & la
légiflation Militaires, forme par cet
enfemble, un fardeau dont la pefanteur
a accablé tous ceux qui ont ofé s'en
charger (1).

_____

(1) Le Miniftre qui, le premier a paru fentir
la néceffité de partager ce fardeau, eft un des

Un Miniftre de la Guerre, quelqu'appliqué qu'il puiffe être, ne fauroit en même-tems conduire avec fuccès
la branche immenfe d'exécution, & faire
les Loix. Obligé d'avoir recours, pour
cette dernière partie, aux idées d'autrui, il employe des penfeurs à gages,
c'eft-à-dire, des hommes médiocres qui
viennent vuider leurs portefeuilles fur
fes bureaux, & remplir leurs poches.
Or, comment une bonne légiflation
pourroit-elle émaner de fources femblables?

Mais fi le Miniftre, pour fe livrer à
la partie légiflative, fe réduit à prêter
fon nom aux affaires d'adminiftration,
quels abus, quelle malverfation, quels
défordres de toute efpèce ne réfultent-
ils pas de cet abandon?

Cette furcharge dans les fonctions

hommes qu'il devoit le moins effrayer; & fon
exemple fera la condamnation de ceux de fes
fucceffeurs qui entreprendront d'en porter le
poids tout entier.

du Miniftre de la Guerre, exigeroit, elle feule, l'établiffement de ce Tribunal de légiflation que réclament tant d'autres puiffans motifs. Ce département réduit ainfi à l'adminiftration feule, offrira encore affez de gloire à celui qui voudra s'en acquitter dignement. Je dis plus, on aura débarraffé cette carrière de fes écueils les plus dangereux ; car remarquez que la partie légiflative a été la pierre d'achoppement où la réputation de prefque tous ceux qui ont occupé ce miniftère, eft venue fe brifer.

Mais je parle de gloire, & je ne fonge pas qu'aujourd'hui, dans toutes les claffes, & dans celle des gens de Cour plus, peut-être, que dans aucune autre, c'eft l'attrait qui touche le moins les ames. L'ambition du crédit, de l'opulence, des vains honneurs : voilà, bien plus que le défir de la renommée, ce qui fait rechercher les grandes places avec tant d'ardeur. Voilà ce qui, tant de fois, les peuple d'hommes médiocres

& corrompus qui, chargés du deſtin &
de la gloire de l'Etat, ne s'occupent
que de leur vil intérêt, & bravent, en
accumulant ſur eux les richeſſes & les
dignités, le cri public qui les condamne.

Ce cri public eſt en France le ſeul
châtiment des Miniſtres les plus coupables; car, bien loin d'être punis par
le Gouvernement, il n'en eſt point
qu'il ne récompenſe, puiſque leur retraite eſt toujours accompagnée d'une
penſion énorme, par laquelle les ſer-
vices les plus ſignalés ſeroient payés
avec aſſez de magnificence. L'enſemble
de ces penſions, dans une Cour où les
Miniſtres de tous les départemens ſe
renouvellent ſans ceſſe, forme, à la
longue, une ſomme immenſe qui fait
paſſer une partie des revenus de l'Etat
dans les mains de ceux qui, ſouvent,
ont fait ſon malheur & ſon opprobre (1).

_____

(1) Obſervez que l'uſage de ces groſſes penſions

Un autre attrait bien féduifant que ces places offrent à l'avidité, eft la facilité du pillage & d'une fortune fubite. Il eft vrai que M. Neker a oppofé quelques barrières à la malverfation ; mais il n'a pu en fermer toutes les fources : & pour entretenir les digues qu'il a élevées, il faudroit dans fes fuccesseurs, une main auffi vigilante, auffi habile que la fienne.

Le meilleur remède à ce mal, quant au Miniftère de la Guerre, feroit d'en foumettre la comptabilité à la vérification du Tribunal légiflatif, qui, par le genre de fes connoiffances, feroit plus propre que l'Adminiftrateur des Finances le plus éclairé, à contenir la cupidité des Régiffeurs de ce département. Si une fois la malverfation y devenoit impraticable ; fi, d'ailleurs, l'eftime & la gloire étoient les feuls objets

---

uniformes par lequel le Miniftre qui a mérité le moins, fe trouve auffi bien traité que celui qui a mérité le plus, eft bien peu politique.

en

en perfpective au bout de la carrière,
l'homme d'un caractère élevé & d'un
talent fupérieur, s'offriroit feul à la
parcourir. Uniquement animé du défir
de s'y diftinguer, étranger à toutes les
intrigues, fupérieur aux vains amufe-
mens, il confacreroit à fes devoirs tout
fon tems & toutes fes facultés. Des
motifs d'affection ou de parenté ne
prévaudroient pas dans fes choix fur
l'intérêt facré de l'Etat, & il ne donneroit point, ainfi que Chamillard, le
Commandement d'une Armée à un igno-
rant la Feuillade, parce que ce la Feuillade étoit fon allié. Il ne feroit pas jaloux de la réputation des grands Généraux, & ne les traverferoit point
fourdement lorfqu'il ne pourroit les
révoquer. Effet bien remarquable de
l'aveuglement des paffions ! Comme fi
la caufe du Général n'étoit pas auffi la
caufe du Miniftre; & comme fi la gloire
de l'Adminiftration pouvoit être féparée
de la gloire des Armées !

V

L'on a demandé si le Secrétaire de la Guerre doit être pris dans l'épée ou dans la robe. Cette queſtion ſemble d'abord étrange. Cependant ſi l'on conſidère que deux des Miniſtres qui ſe ſont le plus diſtingués dans ce département, étoient de la robe , que Louvois & Dargenſon en ſont ſortis , on eſt frappé de ces faits, & l'on ſe demande comment il ſe peut que des hommes tirés d'une profeſſion ſi oppoſée à celle de la Guerre , en aient mieux conduit l'Adminiſtration que des Militaires même.

Voici la ſolution de ce problême. L'expérience, dénuée de réflexion , ne donne que des connoiſſances bien bornées. Or, combien peu de Militaires pratiquent avec réflexion ! Combien moins, portent leurs penſées au-delà de l'horizon de leur grade & de leur partie ! & combien moins encore, qui aient acquis aſſez d'habitude d'analyſer, de généraliſer , de claſſer leurs idées,

pour être capables d'une Administration
vaste & compliquée?

Cette faculté doit se trouver plus
ordinairement chez les hommes de cabinet. Ils sont, d'ailleurs, plus formés
à l'application; & s'il faut en apporter
beaucoup dans tous les emplois, pour
les bien remplir, à plus forte raison
dans les places du Ministère, chargées
de tant de détail, & dans lesquelles le
cours des affaires ne s'arrêtant jamais,
l'attention & le travail doivent être sans
relâche.

Enfin, & c'est sur-tout ce qui donne
la solution du problême, un Ministre,
homme de robe, ne sera pas jaloux de
la gloire des Généraux, comme un
Ministre, homme d'épée (1). Exempt
de prévention, d'envie, de haine envers les gens de Guerre, il les jugera

(1) Qu'on y prenne garde, ce n'est point des
succès de Turenne dont Louvois étoit jaloux; car
il y contribuoit de toutes ses forces; mais de la
faveur de ce Général auprès de Louis XIV.

comme le public, & les jugera bien. Il choifira mieux les Commandans des Armées ; il les fecondera plus & les gênera moins ; car l'illufion de l'orgueil ne va point jufqu'à perfuader à un homme étranger à l'Art de la Guerre, qu'il y eft plus habile que ceux dont la Guerre eft le métier.

Mais il eft inconteftable qu'à égalité d'application, de génie, & avec de la vertu, un Militaire fera plus propre à l'Adminiftration de la Guerre, verra, & plus jufte & plus loin, qu'un homme tiré de toute autre profeffion.

CHAPITRE XXVI.

Du Souverain.

Si vous cherchez les caufes de ces viciſſitudes de puiſſance & de foibleſſe, de gloire & de honte, que notre Nation éprouva plus qu'aucune autre, vous les trouverez dans le caractère de ſes Souverains. Vous verrez le Peuple François, élevant ou abaiſſant ſon génie au niveau du génie de ſes Monarques, ſe montrer différent de lui-même d'un règne à l'autre; & felon les vertus ou les vices du trône, devenir l'admiration ou le mépris, la terreur ou le jouet des autres Peuples.

Pour mettre cette vérité dans toute ſon évidence, parcourons rapidement les principales époques de notre Hiſtoire Militaire.

Je franchis l'eſpace ténébreux occupé par la première dynaſtie de nos Sou-

verains, & je paſſe d'abord au règne de
Charlemagne.

Avec quelle ſurpriſe on voit alors
une Nation ſortie à peine de l'anéan-
tiſſement où l'avoit plongée une longue
ſuite de Monarques imbéciles, prendre
tout-à-coup un eſſor ſublime, étendre
ſes conquêtes juſqu'aux deux extrêmités
de l'Europe, & ſe former, dans l'eſpace d'un ſeul règne, une Monarchie
preſqu'auſſi puiſſante que l'ancienne Monarchie Romaine. De toutes les grandes
révolutions dont l'Hiſtoire offre le
ſpectacle, il n'en eſt point d'auſſi remarquable. Les Macédoniens ſous Alexandre, & les Tartares ſous Tamerlan,
conquirent en auſſi peu de tems une
auſſi vaſte étendue de pays; mais ils
n'eurent à combattre que des Nations
efféminées; & quelques victoires faciles
mirent l'Aſie ſous leur joug. Les François, conduits par Charlemagne, triom-
phèrent d'une multitude de Peuples
féroces & guerriers; & les Saxons ſeuls,

commandés par Witikind, étoient plus difficiles à foumettre que toutes les Nations Afiatiques.

Charlemagne meurt. L'efprit guerrier qui avoit animé les François fous ce grand Homme, s'enfevelit avec lui. Sa Monarchie s'écroule avec la même célérité qu'elle fut élevée. Ses indignes defcendans, corrompus par la molleffe, abrutis par la fuperftition, font les efclaves des Prêtres & des Maires du Palais. Leur engourdiffement ftupide fe communique à leurs Peuples. Mille tyrans défolent la France & la déchirent ; & fur la fin de cette même race, l'Empire de Charlemagne eft réduit à une feule cité.

Hugues-Capet monte fur le trône & ranime la Nation. L'efprit Militaire renaît fous les aufpices d'une nouvelle dynaftie ; mais bientôt égaré par le fanatifme, il prend une direction funefte ; & Louis IX, qui, par fon courage & fes vertus, eût pu faire la gloire & le

V iv

bonheur de la France, va s'enfevelir avec la fleur de fa population, dans les déferts de l'Afrique.

La race de Capet dégénère par une longue poffeffion du trône, comme avoit fait celle de Charlemagne; & la Nation tombe dans la langueur avec fes Souverains. C'eft alors que les Anglois comblent nos ancêtres d'humiliations; c'eft alors qu'un Roi d'Angleterre vient fe faire proclamer Roi de France, au fein de la capitale de notre-Empire (1).

_____

(1) Il eft à propos d'obferver que dans la querelle, fi longue & fi fanglante, qui régna entre ces deux rivaux, c'eft par des mains françoifes que furent vaincus les François. La déclaration de guerre venoit de Londres; mais les armées étoient levées dans nos provinces, principalement dans la Normandie, qui, par la fupériorité de fes chevaux, dût donner l'afcendant aux Anglois, dans un tems où toutes les actions de guerre fe décidoient par la Cavalerie. La Nation ne doit donc pas rougir des défaites de Créci, de Poitiers, d'Afincourt, par le fouvenir defquelles fes détracteurs cherchent à l'humilier, afin de la difpofer, en lui ôtant l'eftime d'elle-même, à renoncer à fon génie, pour adopter un génie étranger.

Le défefpoir allume le courage de Charles VII, à qui il ne refte de fon héritage qu'une ville déja affiégée. L'ardeur du Monarque fe communique comme une flamme rapide à tous fes fujets. Ces lâches font devenus des héros, & l'ufurpateur battu, fugitif de toutes parts, paye enfin les longs outrages qu'il a faits à la France.

L'héroïfme national reffufcité, ne peut fe contenir dans les limites du Royaume. Il s'élance en Italie. Nos Soldats victorieux par la valeur, vaincus par le climat & par la trahifon, font dans cette contrée mille prodiges inutiles. L'intrépidité de François Premier le plonge dans les fers; & cet évènement, dont la Nation fe laiffa trop frapper, devint pour elle une nouvell époque de décadence.

S'il lui refta de la chaleur & de l'activité, ce fut pour fe déchirer elle-même. François II, Charles IX, Henri III, ne firent la Guerre qu'à leurs Peuples &

l'exemple de ces Monarques rendit tous leurs Sujets dénaturés & facriléges.

Alors s'élève fur l'horizon de la France ce Prince deftiné à devenir fi célèbre dans l'Europe, & fi cher au Peuple François. Long - tems Héros avant d'être Roi, il monte enfin fur ce trône avili & fouillé par les derniers des Valois ; & la Nation fe régénère aux rayons de fon génie & de fes vertus. A quel dégré de gloire ne feroit-elle pas montée fous un fi grand Homme, s'il eût régné auffi long-tems que tant de Souverains inutiles ou funeftes à leurs Sujets ?

Son fils parut avoir hérité de fon courage, & montra même quelques germes de génie. Mais toutes fes facultés furent enchaînées par le caractère defpotique de Richelieu. La France, fous ce règne, agitée de convulfions intérieures, ne prit hors de fes limites qu'un foible effor.

Il étoit réfervé à Louis XIV de lui

donner tout l'élan dont elle étoit capable. Ce Monarque enflamma ses sujets de l'amour de la gloire dont son ame étoit embrasée, & fit de sa Nation la première Nation du monde. Mais ne dissimulons point que le goût de ce Prince pour le faste & la mollesse, jetta dans nos mœurs des semenses funestes à l'Esprit Militaire, & dont les effets, d'abord insensibles, furent déja trop remarquables aux dernières années de ce Souverain.

Son successeur, passé du berceau sur le trône, tombé ensuite dans les mains d'un Prêtre, qui étoit à la fois son Précepteur & son Ministre, Louis XV parut condamné par les circonstances de ses premiers ans, à n'être qu'un Monarque vulgaire. Ce Prince étoit organisé très-heureusement & pour l'esprit & pour le cœur. Si les qualités qu'il tenoit de la nature eussent été développées; si son Instituteur lui eût inspiré l'amour du travail, au lieu de lui en faire naître le dégoût ; son régne, probablement, feroit compté parmi les plus glorieux de notre Hiſtoire (1).

_____

(1) Il faut expoſer ici une vérité bien importante, dût cette diſgreſſion paroître étrangère à mon ſujet. Là où l'éducation des fils des Rois fera livrée aux Prêtres, comme dans la ſuperſtitieuſe Egypte, ce fera un bonheur rare de voir le trône dignement occupé. Ceux même d'entre les Gens d'Egliſe qui poſſèdent le plus de génie & de lumières, tiennent toujours à l'eſprit & aux préjugés de leur état, par intérêt, ſi ce n'eſt par conviction, & chargés de l'éducation d'un Prince, ils en dirigeront le plan en conſéquence. Témoin le fameux Boſſuet : témoins les Ouvrages compoſés par ce Prélat pour l'inſtruc-tion de l'Héritier du Trône. Quelle eſt la doctrine expoſée dans la politique tirée de l'Ecriture ſainte & dans le diſcours ſur l'Hiſtoire univerſelle ? Ces livres, pleins de l'eſprit de la théocratie Juive, ne tendent qu'à ſoumettre les Souverains aux volontés deſpotiques des Prêtres, dictées au nom de la Di-vinité, & un Roi qui ſe conduiroit d'après la mo-rale qu'ils reſpirent, ne ſeroit qu'un imbécille fana-tique, tremblant à la voix des Miniſtres des Autels. Ne pourroit-on pas ſoupçonner que ces deux écrits, lus par Louis XIV, & ſecondés des ſuggeſtions ver-bales de leur Auteur, qui gouvernoit ce Monarque dans ſa vieilleſſe, contribuèrent beaucoup au chan-gement funeſte qui ſe fit alors dans ſon caractère, à cette foibleſſe qu'il montra dans ſes derniers dé-

Une circonſtance qui peut avoir contribué dans la perſonne de ce Prince à
cette indolence de caractère, plus funeſte

---

mêlés avec Rome, à ce zèle cruel de religion qui
le rendit l'inſtrument des fureurs des intolérans, le
perſécuteur & le meurtrier de ſes ſujets Calviniſtes ;
crime dont la France reſſentira long-tems les effets
malheureux, & dont la mémoire de ce Prince ne
ſe lavera jamais.

On peut donc croire, avec beaucoup de vraiſem-
blance, que Boſſuet, malgré ſon génie, étoit bien
moins propre à former un Roi qu'un eſclave des
Prêtres. Et qu'on ne diſe pas que le Grand Dau-
phin, élevé par lui, ne ſe montra point fanatique.
Il faudroit l'avoir vu ſur le Trône pour prononcer
qu'il ne l'étoit pas ; & d'ailleurs, l'ame apatique de
ce Prince, d'après l'opinion de ſes contemporains,
étoit auſſi peu ſuſceptible des vives impreſſions du
mal que du bien.

Mais Fénélon, dira-t-on, le ſage Fénélon n'a-t-il
pas prouvé par les vertus du jeune Duc de Bourgo-
gne, mieux encore que par le livre du Télémaque,
qu'il étoit capable d'élever un enfant fait pour régner ?

Je ne veux pas révoquer en doute le mérite éminent de l'Elève de Fénélon, atteſté par l'amour &
les regrets de la génération qui vit naître & mourir
ce Prince aimable. Cependant lorſqu'il fut tranſ-
porté à la tête des Armées, il n'y acquit aucune
gloire. Bien loin d'y déployer les talens qu'on at-

que les vices dans les Souverains, ce
furent peut-être ces paroles si célèbres
que lui adressa Louis XIV mourant : il

---

tendoit de lui, il ne montra pas même ce zèle, cette
ardeur qui, dans un jeune Prince adoré, eût suffi
pour enflammer le courage des Troupes ; & l'Armée
à ses ordres n'éprouva que des revers. Le dirai-je ?
ce Prince étoit trop philosophe : ou plutôt il l'étoit
mal ; car cet amour de l'humanité qui faisoit sa passion dominante & le rendoit indifférent aux attraits
de la victoire, doit, sur-tout dans l'Héritier du
Trône, être subordonné à l'avantage & à l'honneur de l'Etat.

Au surplus, les présages qu'on tire, soit en bien,
soit en mal, de la jeunesse des Princes, comme de
celle des autres hommes, sont souvent trompeurs.
Combien de Monarques, tels que le dernier des
Valois, ont donné, avant de parvenir à la Couronne, des espérances qu'ils n'ont point remplies !
tandis que d'autres de qui l'on avoit moins présumé
dans leur enfance, montés sur le Trône, s'y sont
couverts de gloire !

Mais en admettant que l'Elève de l'illustre Fénélon auroit été un grand homme s'il eût vécu ; on
feroit peu fondé d'alléguer en preuve, contre le sentiment que j'ai avancé, le succès de cette éducation,
dirigée par un Homme d'Eglise, il est vrai, mais
qui étoit si étranger à l'esprit de son Corps, qu'il
l'eut pour ennemi & pour oppresseur, & qui,

lui recommanda fur-tout d'aimer la paix.
Louis XV en fit l'unique but de fa politique. Au traité d'Aix-la-Chapelle, il lui

---

adoré du refte des humains, fut haï, condamné,
perfécuté par les Gens d'Eglife.

Des hommes membres d'un Corps dont le Chef eft
étranger, qui ont un intérêt différent de l'intérêt de
l'Etat, qui reconnoiffent d'autres Loix que celles de
leur pays & une autre autorité que celle de leur
Prince ; des hommes imbus de maximes & de principes contraires aux principes & aux maximes qui
doivent diriger le citoyen ; des hommes voués aux
fonctions paifibles & myftérieufes des Autels, & que
l'efprit de leur miniftère fépare du fiècle auquel ils
ne peuvent être attachés que par leurs paffions, des
hommes de cet Etat font peu propres à former un
Roi, à jetter dans fon cœur le germe des vertus
énergiques & grandes, & dans fon efprit la femence
des talens & des connoiffances néceffaires au Ré-
giffeur d'un Empire.

Que dans ces fiècles de ftupide ignorance où les
Prêtres feuls favoient lire, ils aient été chargés de
l'éducation des enfans des Rois ; on le conçoit aifément. Mais font-ils, de nos jours, ce que le Monde
a de plus éclairé ? Eft-ce par eux que les fciences de
toute efpèce ont été perfectionnées, approfondies,
& que l'efprit humain a reculé les barrières? Eft-ce
du fein du Clergé que font fortis ces monumens de
génie qui ont honoré notre fiècle & notre Nation?
Eft-ce à des Prêtres qu'on doit l'Efprit des Loix,

sacrifia tout le fruit de ses victoires, tout
le prix du sang de ses Soldats & de la
sueur de ses Peuples. Vingt ans après il
consuma deux ans en négociations inu-

---

l'Histoire Naturelle, l'Encyclopédie, l'Emile & le
Contrat Social? Je ne dirai point qu'ils ont fait
tous leurs efforts pour étouffer dans leur naissance
ces immortelles & bienfaisantes productions, qu'il
n'en est pas une seule qu'ils n'aient censurée, calomniée, flétrie. Mais quelles sont les découvertes,
les connoissances utiles dont eux-mêmes ont enrichi leurs concitoyens? Une futile éloquence,
vuide de choses & de vérités; voilà, si vous ex-
ceptez l'admirable livre de Fénélon, le seul mérite
des écrits sortis de la plume des Gens d'Eglise.
Autant ils étoient supérieurs à leur siècle, il y a
400 ans, autant ils lui sont inférieurs aujourd'hui.
Pourquoi donc s'obstiner à prendre dans cette classe,
les Instituteurs des fils des Rois? Les lumières sont-
elles inutiles aux Chefs des Nations? ou bien les
Princes savent-ils ce qu'ils n'ont point appris? Et
s'il se trouve parmi les laïques des hommes doués
de plus de génie, de savoir, de philosophie que dans
le Clergé, plus capables de développer, d'agrandir
l'esprit & l'ame de l'Héritier du Trône, de lui former
une raison lumineuse, libre & ferme; pourquoi ne
leur donne-t-on pas la préférence? Un grand
Homme, s'il n'est affublé d'un camail, est-il indigne
de donner des leçons aux enfans des Rois?

tiles

tiles avec l'Angleterre, avant de fe réfoudre à tirer l'épée ; & par ce délai,
pendant lequel la Grande - Bretagne
moiffonna tous nos gens de mer, il fe
mit dans la néceffité d'être vaincu.

Un Roi ne doit pas trop aimer la
paix. Avec cette difpofition de cœur,
il fera peu jaloux d'acquérir les talens
& les connoiffances d'un Guerrier. Or,
dans un Etat monarchique, & particu-
liérement dans la Monarchie Françoife,
où l'ame des Sujets prend fi fidellement
l'empreinte de l'ame du Souverain, fi
le Souverain n'eft pas Militaire, la Nation ne le fera point.

X

CHAPITRE XXVII.

De la Marine.

L'HISTOIRE de la Marine Françoise offre une vérité triste qu'il est impossible de dissimuler ; c'est qu'elle n'a jamais pu se maintenir au-delà d'une génération. Sortie du néant à diverses reprises, elle y est rentrée presqu'aussi-tôt ; & dans l'espace de deux siècles, on l'a vue quatre fois naître & périr. Les sommes immenses que l'État y a versé, l'ont épuisé en pure perte ; & ce qui fut pour d'autres Peuples, un instrument de richesse & de puissance, a toujours été pour nous une cause d'affoiblissement & de ruine.

Voici, je crois, la première source de ce mal. Jusqu'à ce jour, il a été problématique dans l'opinion de notre Gouvernement, s'il faut à la France une Marine. Richelieu & Colbert décidè-

rent affirmativement la queſtion, &
créèrent des flottes. Mazarin & Fleuri
pensèrent le contraire, & laiſsèrent
pourrir nos vaiſſeaux dans le port; &,
peut-être, par une ſuite de cette inſta-
bilité de principes, la génération qui
doit nous ſuccéder verra-t-elle tomber
cette Marine puiſſante que le règne pré
ſent vient de faire éclore.

Combien donc ne ſeroit-il pas à deſirer que ce problême fût réſolu avec aſſez
d'évidence, pour que ſa ſolution pût
ſervir de règle invariable à notre politique (1) ? Je me réduirai là-deſſus à
quelques réflexions.

─────────────

(1) Pourquoi ce problême n'a-t-il été propoſé
par aucune de nos Académies ? Pourquoi vingt
autres queſtions politiques & économiques dont
l'inſolution jette les Adminiſtrateurs publics dans
tant d'inconſéquences, de contradiction & d'erreurs,
ne ſont-elles pas éclaircies par ces ſociétés ſavantes ?
Ce reproche s'adreſſe ſur-tout aux Académies de
la Capitale. Compoſées des hommes les plus éclairés
de la Nation, combien ne pourroient-elles pas
lui être utiles, ſi elles dirigeoient vers ſon bien

X ij

Il feroit heureux pour le genre humain, je le crois, que l'Art de la Navigation fût encore à naître. Mais puifqu'il exifte, puifque la Mer eft parcourue dans tous les fens; qu'elle porte les Armées, & que fes abymes ne font pas un obftacle à l'invafion, tout pays qui a des côtes, doit avoir des vaiffeaux pour les défendre.

Je fuppofe un Empire affez puiffant, relativement aux Peuples maritimes qui pourroient defcendre fur fes rivages, pour n'en avoir point à craindre de conquête. Ce n'eft pas affez; il faut être à l'abri des ravages & de l'infulte; il faut que les habitans des côtes puiffent femer & recueillir tranquillement; & que les citoyens des villes maritimes ne foient pas écrafés fous le toît de leurs maifons.

---

direct & immédiat les lumières & les efforts d'efprit qui, jufqu'à préfent, ont été tournés prefque toujours vers des objets frivoles, ou purement curieux?

Il eft évident qu'entre deux Nations voifines, mais féparées par un trajet de Mer, dont l'une auroit une Marine, tandis que l'autre n'en auroit point, & feroit expofée à recevoir toujours la Guerre, fans pouvoir jamais la porter, tout le défavantage feroit du côté de celle-ci, à qui fon ennemie pourroit faire impunément des maux continuels.

Il eft un autre rapport fous lequel cette queftion doit être confidérée : celui du commerce. Les productions d'outre-Mer font devenues un luxe néceffaire & même inévitable. Toute la force des Loix feroit infuffifante pour le détruire. Les prohibitions ne ferviroient qu'à rendre ce luxe plus difpendieux, & qu'à porter chez l'étranger l'argent de la Nation. Or, s'il faut un commerce maritime, il faut des efcadres pour le protéger.

L'intérêt & la fécurité du Royaume lui prefcrivent donc d'avoir une Marine; mais pour en poffeder une, des vaisseaux ne suffisent point. Il faut un corps d'hommes de Mer bien constitué; & voilà ce que notre Nation n'a pas eu jusqu'ici. Faute de ce corps, elle n'a presque jamais joué qu'un second rôle sur l'Océan. Si elle y domina dans les beaux jours de Louis XIV, c'est qu'à cette époque l'enthousiasme national faisoit tout plier sous le génie de la France. Et, d'ailleurs, la fermeté du Gouvernement contint l'esprit indocile des Officiers de Mer; & ces actes éclatans d'insubordination qu'on a vus souvent depuis, & qui quelquefois ont procuré l'avancement de ceux qui s'en étoient rendus coupables, n'eussent pas alors été commis impunément.

Mais dans la caducité de Louis XIV, où tous les ressorts du Gouvernement se relâchèrent, le caractère insubordonné de la Marine reprit le dessus. L'immortel Duguay-Trouin, ce simple Armateur devenu, par le choix du Roi, l'un des premiers Officiers de la Ma-

rine Militaire, & envers qui la circonf-
tance de cette origine étrangère étoit,
de la part de fes fous-ordres, un nouveau motif de défobéiffance ; Duguay-
Trouin, en butte à la jaloufie, aux
cabales d'hommes qui fe croyoient des-
honorés de lui obéir, & qui n'étoient
pas dignes d'un tel Chef, plus d'une
fois, par l'effet de leurs complots, fans
fon héroïfme indomptable & fon génie
fupérieur, eût fuccombé dans les combats (1). Le jufte reffentiment qu'il en

_____

(1) Voyez les Mémoires de Duguay-Trouin, &
fur-tout fa campagne de 1704, où dans un combat
très-fanglant qu'il eut à foutenir contre une efcadre
Angloife, il fut tout-à-coup abandonné par plufieurs vaiffeaux de la fienne, nommément par
l'Augufte, commandé par un Officier à qui l'année
précédente il avoit fauvé la liberté & peut-être
la vie. L'indignation qu'on ne peut s'empêcher
de témoigner contre des traits fi bas, fera partagée par les Officiers de Marine eux-mêmes,
qui, à l'exception de quelques-uns, animés par
un amour-propre bien faux, ne cherchent point
à diffimuler les funeftes effets de l'efprit d'infu-
bordination qui regne trop évidemment dans leur
Corps.

X iv

conçut fut fi vif, que malgré cette foif
de gloire qui le dévoroit, & fon attachement particulier à la perfonne de
Louis XIV, il fut fur le point de renoncer au fervice. Mais fi, pour com-
plaire à fon Maître, il refta dans la
carrière, les mêmes raifons qui lui
avoient fait defirer d'en fortir, y bor-
nèrent fes fuccès ; & ce grand Homme
qui, mieux fecondé par le Gouvernement & par fon Corps, eût pu abattre
la Marine Angloife, termina fes jours
avec la douleur de la voir maîtreffe des
Mers.

Je ne retracerai point les malheurs,
les humiliations qu'a produit le mauvais
efprit de notre Marine fous le règne
de Louis XV, & fur-tout dans fa dernière Guerre. Nous efpérions que dans
la Guerre préfente, des victoires figna-
lées effaceroient ces fouvenirs amers. La
difpofition générale des efprits, animés
à la fois par le reffentiment de nos derniers affronts, & par l'effervefcence d'un

nouveau règne : le zèle, l'intrépidité,
les talens qu'avoient déployés un grand
nombre d'Officiers de Marine dans plusieurs actions, tant générales que particulières, tout entretenoit la Nation
dans cette flatteuse attente. Mais au lieu
des triomphes qu'elle se promettoit.....
Je dois me taire. L'évènement qui a
déçu si cruellement notre espoir va devenir l'objet de l'examen le plus attentif
& de la justice du Gouvernement ; &
dans de pareilles circonstances, la délicatesse impose à l'Ecrivain public un
silence absolu.

Ce revers, produit par les mêmes
causes que ceux des Guerres précédentes, a trop démontré le besoin de
régénérer l'esprit de notre Marine. Sans
cette régénération, la France, eût-elle
mille vaisseaux, ne sera jamais une puissance maritime (1).

_____

(1) On paroît sentir enfin la nécessité de dif-
cipliner les Officiers de Marine. Il est étonnant
qu'on ne l'ait pas apperçu plutôt. Sans parler des

Si la discipline est si nécessaire dans les Armées, c'est sur-tout dans les Armées Navales, où il est facile de trouver

---

Guerres précédentes qui ne devoient laisser aucun doute là-dessus, dès les premières campagnes de la Guerre actuelle il y eut des crimes à punir. On les a tolérés. Il se tint, il est vrai, quelques Conseils de Guerre à Brest, par une espèce de condescendance pour le cri public. Mais il eut mieux valu qu'on se fut épargné cette vaine formalité qui n'a servi qu'à laver des coupables. Si l'on eût fait alors des exemples de châtiment, on eut empêché les prévarications plus marquées que nous avons vues depuis; on eut prévenu la défaite honteuse de la Dominique. Il est vrai qu'on pourroit croire que l'insubordination des Officiers de Mer n'a pas été la seule cause de ce désastre; on dit que le Gouvernement, en vue de ménager cette Marine dont la création lui a coûté tant de trésors, avoit prescrit aux Commandans des escadres d'éviter les combats autant qu'il seroit possible, & de se borner à la protection du commerce & des possessions maritimes. Ce plan, au reste, est conforme à l'opinion de l'abbé Raynal, exposée dans la plus récente de ses productions. Mais c'est celui qu'il nous convenoit le moins de suivre; & voici sur quoi j'appuie mon sentiment. Je remarquerai d'abord qu'à la Guerre l'agresseur a un avantage incontestable, par plusieurs raisons, tant physiques que

des prétextes fpécieux de s'y fouftraire.
Une réflexion fe préfente. Il eft évident
que fi l'on ne févit contre les crimes

___

morales, affez connues. En fecond lieu. j'obferverai que cet avantage eft encore plus fenfible
en Mer où les circonftances locales ne peuvent,
ainfi qu'à terre, faire compenfation au défavantage
de recevoir le combat. Enfin, fur l'un & l'autre
élément, c'eft contrarier diamétralement le génie
de notre Nation que de la réduire à la défenfive ;
c'eft la dépouiller de toute fa fupériorité, de tout
fon afcendant. Qu'eft-il arrivé de l'adoption de
ce faux fyftème ? ou qu'on a négligé les occafions
de combattre lorfqu'on l'eut pu avec le plus grand
efpoir de la victoire ; ou qu'on s'eft engagé foiblement & borné à des légers fuccès, quand on
eut dû écrafer l'ennemi. Qu'eft-il arrivé encore ?
que l'ennemi venant à prendre la fupériorité, à
fon tour, en a fu mieux profiter, nous a bien
battus, a fait fa proie d'une partie confidérable
de notre efcadre, perte qui, peut-être, eût été
fuivie de celle de toutes nos Ifles, & de la ruine
de notre commerce, fi l'Angleterre, à cette époque,
ne fe fut trouvée épuifée par fes efforts antérieurs,
& fi fon génie, dans le cours de la préfente Guerre,
avoit eu cette vigueur & cette audace entrepre-
nante qu'on lui vit autrefois.

Le meilleur moyen, & le feul efficace de protéger le commerce & les Colonies, eft de fe rendre
maître de la Mer par des victoires.

de ce genre que d'après une conviction
juridique, ces crimes dont les fuites font
fi fatales, refteront prefque toujours

P. S. Depuis la première édition de cet ouvrage
le Confeil de Guerre, affemblé à l'Orient, &
fur lequel l'Europe avoit les yeux, a tenu &
terminé fes féances. Quelles peines a-t-il prononcé
pour venger la Nation d'un combat deshonorant,
& prévenir de fi honteux défaftres? Aucune. Eh
quoi, n'a-t-il pas trouvé des coupables? Plufieurs,
reconnus tels, par fes propres Sentences; mais
l'efprit d'impunité à prévalu comme auparavant.
L'intérêt & la gloire de l'Etat ont été immolés à
des confidérations perfonnelles, & à une fauffe vanité de Corps. Cependant il en coûte à la France
plufieurs millions pour ce fimulacre de Confeil de
Guerre, qui, par quelque grand exemple de févérité eut pu détruire le mauvais efprit de notre
Marine, & il n'aura fervi qu'à le fortifier.

Ce n'eft pas, au furplus, que je rejette fur l'in-
fubordination feule la défaite de la Dominique;
mais ce fera à l'Hiftoire à dire le refte; ce fera à
fa juftice à répandre fur chacun de ceux qui ont
coopéré au défaftre de cette journée, la portion
d'ignominie qui lui eft due, & à fuppléer à leur
égard, à la corruption de nos Loix, qui, déployant
les fupplices pour les crimes légers, ferment les yeux
fur ces grands forfaits qui font la honte & la calamité publiques.

impunis, parce qu'ils ne font prefque jamais fufceptibles de cette conviction juridique.

Plus l'autorité d'un Capitaine de vaiffeau eft grande fur fon bord, plus il devroit lui-même être fubordonné; car fa défobéiffance entraîne inévitablement celle de tous les hommes qu'il commande, qui fe trouvent à fon égard, dans une dépendance & légale & phyfique.

J'apperçois une nouvelle raifon de la néceffité de revêtir un Général de Mer d'une autorité fort étendue. Le théâtre de la Guerre pour une Armée navale, fe trouve la plupart du tems, à une diftance immenfe de la capitale, quelquefois à l'autre extrêmité du globe. Si, dans ces cas, un Général n'a pas les mains libres pour punir, s'il faut attendre que la Cour ait prononcé; tout, dans cet intervalle, tombe dans la confufion & l'anarchie; il n'y a plus d'Armée.

Mais il faut que la confiance dans les talens & la valeur du Général, invite à l'obéissance (1). Sous un Chef qui possède l'estime générale de son Armée, le lâche & le jaloux même, sont entraînés; au lieu que l'insubordination marche naturellement à la suite du mépris, sous un Général sans mérite.

Un Chef semblable n'oseroit, d'ailleurs, être sévère. La punition des fautes d'autrui ouvriroit trop les yeux sur les siennes; il inspireroit plus d'indignation que de crainte. Mais un Général, digne de l'être, soutenu par ses actions & le

---

(1) La valeur est plus nécessaire encore au Général de mer qu'au Général de terre. Le premier, toujours en vue à tout ce qui combat sous lui, influe infiniment par son courage personnel, sur le courage de son Armée; & chez lui l'héroïsme est le gage le plus assuré de la victoire. Aussi remarque-t-on que c'est-là le caractère distinctif des Chefs-d'Escadre les plus célèbres, des Ruiter, des Tromp, des Duguay-Trouin, des Jean-Bart, des Suffren, des Rodney, &c.

respect public, ne craindra point, & n'aura pas à craindre de déployer l'autorité.

Après la discipline, ce qui manque essentiellement à la Marine Françoise, est l'instruction. Je parle de l'instruction pratique ; car quant à la théorie, les Officiers de ce Corps font, peut - être, les premiers de l'Europe. Mais il faut convenir que ces connoissances de spéculation ne valent pas l'expérience des Officiers de la Marine Angloise. C'est en navigant, dès leurs plus jeunes années, fur les navires du commerce, que les Officiers subalternes de la Marine Britannique acquièrent cette expérience précieuse ; & c'est en conduifant, en manœuvrant des escadres pendant la paix, que fe forment pour la Guerre, les Amiraux de cette Nation. Mais en France, quand les hostilités font passées, les vaisseaux croupissent fur le rivage, & leurs conducteurs dans l'oi-

fiveté; & le préjugé qui forme un mur
de féparation entre la Marine Royale
& la Marine Marchande, ne permet
point à nos jeunes Officiers d'aller con-
firmer, fans danger pour l'Etat, fur les
bâtimens du négoce, les lumières incer-
taines de l'école.

La Nation Françoife, fi féconde aujourd'hui en hommes éclairés, eſt encore l'efclave d'une multitude d'opinions infenfées. Ce qu'il y a de plus
trifte, eſt que ces opinions méprifables
femblent régler la conduite du Gouvernement, foit que lui-même les par-
tage, foit qu'une fauſſe prudence les
lui faſſe refpecter. Les lumières politiques & philofophiques nées en foule
dans ce fiècle, & dont la France a
été le foyer le plus abondant, perdues
pour elle, vont au-delà de fes frontières
réformer les abus de toute efpèce, &
devenir autant de germes de profpérité, tandis que, continuant d'être af-
fervie

fervie aux plus funeftes erreurs, elle gémit fous le poids des maux qu'elles enfantent (1).

Si le Gouvernement ne peut fe réfoudre à lever la barrière qui fépare la Marine Royale de la Marine Marchande, il y auroit un moyen de pallier au moins ce vice de conftitution. D'abord , je ne crois pas néceffaire d'obferver qu'une ou deux campagnes, faites comme Garde - Marine , fur un vaiffeau de Roi , font très-infuffifantes pour procurer le dégré d'expérience néceffaire au Commandement. Et quand même on fe détermineroit à la paix, à former des efcadres d'évolution, elles feront toujours trop peu nombreufes, & trop peu de tems en Mer, pour

---

(1) On fait combien d'utiles réformes en tout genre, l'Empereur a déja fait dans fes Etats depuis le peu de tems qu'il en tient les rênes. C'eft dans la converfation & les écrits des Philofophes François, que ce Prince a puifé une partie des connoiffances , & peut-être du courage d'efprit , dont il fait aujourd'hui un ufage fi refpectable.

Y

opérer parmi les Elèves de la Marine
Militaire, une inftruction générale &
complette.

Pourquoi cette jeuneffe, livrée aujourd'hui, au fortir de fes écoles, au
néant de l'oifiveté & à la diffolution des
mœurs de nos villes Maritimes, n'iroit-
elle pas, à cette époque, mettre à
l'épreuve fur les Navires commerçans,
les connoiffances qu'elle vient d'acquérir ; s'y former, mieux qu'avec les
livres, à la manœuvre, à toutes les
parties de l'Art fi compliqué de la Navigation ; en un mot, y apprendre à
connoître & à dompter l'élément ré-
belle fur lequel elle eft deftinée à combattre ?

Il réfulteroit un autre bien de cet
ufage. Le fouvenir de leurs premières
années paffées dans la Marine du Commerce, préferveroit les Officiers de la
Marine Royale de cette hauteur fi déplacée, fi funefte au bien du fervice,
dont ils accablent ces hommes eftima-

bles qui, après avoir enrichi la Patrie, viennent verser leur sang pour elle sur les Escadres. Il est vrai que ce qu'il y a de plus éclairé & de plus respectable dans la Marine Militaire se fait un devoir de les honorer. Mais le préjugé général du Corps a fait éprouver à beaucoup d'entr'eux, des dégoûts qui leur ont fait desirer de quitter leurs places sur les vaisseaux de Roi, avec plus d'ardeur qu'ils ne les avoient sollicitées.

Que ces hommes si fiers du hasard d'un nom, sachent que c'est du sein de cette classe, qu'ils ont la folie de mépriser, que sont sortis nos plus grands Marins; qu'elle a donné à la France Jean Bart & Duguay-Trouin, qu'elle a formé Tourville & le Commandeur Paul (1), & que beaucoup de ces hommes, à côté desquels ils semblent rougir de combattre, dans une constitution

_____

(1) Ils y firent leurs premières campagnes.

mieux ordonnée , leur feroient fupérieurs en autorité, comme ils le font en
mérite.

Ce feroit donc , à tous égards , une
loi très-fage que celle qui feroit paffer
les Elèves de la Marine Royale , du
fein de leurs écoles , fur les vaiffeaux
du commerce, pour un certain nombre
d'années. En Angleterre , le fils d'un
Amiral commence, quelquefois, par être
mouffe. L'expérience ! l'expérience !
dans tous les Arts , voilà le meilleur
maître.

Pour enlever à la Grande-Bretagne,
ou pour partager avec elle cet empire
des Mers dont elle a fi fort abufé, ce
n'eft point affez d'avoir cent vaiffeaux
de ligne , parce que les vaiffeaux ne
peuvent pas combattre feuls. Je dirois
même qu'il faudroit les brûler tous jufqu'au dernier , combler nos ports ,
détruire nos chantiers, & ériger en loi
fondamentale la défenfe de jamais conf-
truire un feul bâtiment de Guerre , fi

les vices qui infectent notre Conſtitution Maritime ne devoient pas être
corrigés ; car de ces vices naîtroient
dans tous les tems les mêmes effets.
Nous ferions à chaque règne , des efforts ruineux pour relever notre Marine , & nous travaillerions toujours
pour le néant.

Ce n'eſt pas même aſſez d'avoir,
avec une nombreuſe Marine, un Corps
d'hommes de Mer bien conſtitué ; il
faut des ports ſur chacune de nos côtes.
Nous n'en avons point dans toute cette
étendue de rivage qui fait face au rivage Britannique. La plus dangereuſe
de nos Mers, & par la nature & par
l'ennemi, eſt ſans aſyle pour nos vaiſſeaux. Cet oubli eſt inconcevable. Il
concourt à prouver combien ont été
courtes les vues des Adminiſtrations
précédentes ; & combien ceux même
d'entre nos Hommes d'Etat qui ob-
tinrent le plus de réputation, en mé-

ritoient peu. Si ce Colbert, qu'on a tant loué, eût été, en effet, un grand Adminiftrateur, eut-il manqué, en conf-truifant des flottes, en fondant des colonies, en formant une Compagnie des Indes, de donner une conftitution au Corps de notre Marine, de creufer un port dans la Manche? Il éleva un édifice vafte, mais fans plan, fans liaifon & fans fondemens. Auffi ce foible édifice fut il renverfé l'inftant d'après. Notre Marine, faute d'un port dans la Manche, éprouva à la Hogue, un revers qui lui fut mortel, & fa perte entraîna la ruine ou la décadence de tous les établiffe-mens dont elle étoit la bafe.

Faute d'un port dans la Manche, le pavillon Britannique, pendant la Guerre, régnera defpotiquement fur cette Mer; les habitans de celles de nos provinces qu'elle baigne de fes flots, tremble-ront continuellement pour leurs foyers; tandis que ce feroit à l'Angleterre à

trembler fi la France favoit faire ufage
de fes forces, de fes avantages & de
fes reffources.

Ceci me conduiroit à l'examen du
projet fi fouvent formé ou fimulé par
notre Gouvernement, d'une invafion
dans la Grande-Bretagne, projet re-
gardé comme téméraire par les uns,
& dont le fuccès, fuivant d'autres, eft
auffi probable qu'il feroit décifif & glorieux. Mais la difcuffion de cet objet
intéreffant, formeroit une digreffion
un peu longue, & je me réduirai là-
deffus à une queftion. Quel genre d'obf-
tacles pourroit oppofer à une Armée
de quarante mille hommes difciplinés,
courageux & bien commandés, un pays
dépourvu de fortereffes, de Troupes
réglées, & qui n'a pas un feul Officier-
Général? Le patriotifme? Mais on peut
juger, par la terreur & la fuite pré-
cipitée des habitans de Plymouth &
des lieux voifins, à la feule apparition
de notre Efcadre en 1779, fans qu'il

y eut ni apprêts, ni femblant de def-
cente, de la réfiftance qu'oppoferoit à
une invafion ce patriotifme prétendu
de la Nation Angloife.

CHAPITRE XXVIII
& dernier.

De l'Art de la Guerre en général.

LORSQU'ON cherche le titre de propriété des Peuples, on ne trouve que le droit du plus fort. Toutes les contrées du monde font occupées par d'usurpateurs, qui en ont chassé d'anciens conquérans, & qui feront place, à leur tour, à des vainqueurs nouveaux. De quelque région inconnue ou méprisée des Nations qui fleuriffent aujourd'hui dans l'Europe, fortira un Peuple qui s'emparera du fol qu'elles habitent, du même droit qu'elles l'ont ravi à fes maîtres antérieurs. Il exterminera, comme des foibles troupeaux, ces Nations amolies & dégenérées, détruira avec elles, les innombrables monumens de ces Arts pour qui elles auront négligé l'Art de vaincre ; & de ces Empires aujourd'hui brillans de tant d'éclat, à peine restera-t-il un nom dans la mémoire des hommes.

Les Peuples & leurs Chefs endormis par le calme du présent, oublient ces terribles vérités. Cependant il n'est pas de siècle qui ne leur offre l'exemple de quelqu'Etat détruit. Et peut-être celui qui s'écoule donnera plus d'une de ces grandes leçons à la postérité. Ne pourroit-on pas comparer presque tous nos Gouvernemens, uniquement attentifs à multiplier & à raffiner leurs jouissances, à un Architecte qui épuiseroit son Art pour rendre agréable & commode l'intérieur d'un édifice, & qui, négligeant ses fondemens, l'exposeroit à être renversé du premier coup de la tempête?

Je l'ai dit, il ne suffit point qu'un Etat ait deux cents mille hommes sous les armes pour n'avoir rien à redouter. L'Empire de Darius étoit défendu par des Armées innombrables quand il fut

conquis par une poignée de Macédoniens. Eh! combien d'autres Souverains
enfeve'is fous les ruines de leur trône
au milieu d'un million de Soldats!

Le feul moyen d'affurer efficacement
la défenfe d'une Nation., eft d'y faire
na'tre l'Efprit Militaire ; cet Efprit qui
crée les vertus & les ta'ens guerriers,
qui forme les Soldats intrépides & les
fub'imes Généraux, qui enfante les Armées invincibles ; cet Efprit fans lequel
l'Art ne peut produire que des effets
foibles & incertains ; ou, pour mieux
dire, fans lequel ne fauroit exifter de
véritable Art de la Guerre.

Tant qu'on le confidérera comme
purement phyfique, qu'on regardera
une Armée comme un affemblage d'individus matériels, qu'on oubliera qu'elle
eft compofée d'hommes ; cet Art, fous
une apparence fcientifique, reftera dans
une véritable enfance : ou plutôt, cet
Art périra au milieu des immenfes Armées, des Ordonnances des Cours,

des fyftêmes des Tacticiens & des calculs des Géometres.

Si fa perfection confiftoit dans des procédés de géométrie, dans des com- binaifons de tactique, d'où vient donc que les Grecs auroient été fubjugués par les Romains ? Les premiers étoient bien plus habiles à ces divers égards ; & leur phalange, fruit de la théorie la plus favante, a toujours été regardée comme la première ordonnance de l'uni- vers. Mais cette phalange, fi forte par fon organifation, céda à l'afcendant du courage & de la conftance ; & après avoir renverfé tous les trônes de l'Afie & foumis les Peuples du Latium, elle alla fe brifer contre les vertus Ro- maines.

La Légion éprouva la même vicif- fitude, à fon tour, quand l'héroïfme Romain fut évanoui. Elle, qui avoit conquis le monde, devint le jouet de cent Peuples barbares, dépourvus d'art & de difcipline, mais animés par l'au-

dace du befoin & d'une nature féroce.
L'exemple des deux ordres de tactique,
les plus célèbres du monde , fi terribles tant qu'ils furent animés de l'Efprit Militaire, fi aifément vaincus quand
ils l'eurent perdu, eft une preuve bien
convainquante de l'impuiffance de l'Art,
fans cet Efprit qui lui donne la vie & la
force.

Cette obfervation, confirmée par
l'Hiftoire de tous les Peuples, m'a déterminé à tourner de ce côté mes réflexions. Les vues & les changemens que
j'ai propofés, les vérités que j'ai tâché
d'établir, tendent plus ou moins directement vers ce but. Pourquoi mes talens
n'ont-ils pas mieux répondu à mon zèle,
à l'importance, à la nobleffe de mon
fujet? J'ofe croire néanmoins avoir jetté
fur lui quelques traits de lumière. Ce
feroit à quelqu'un de ces efprits tranf-
cendans, faits pour diriger l'opinion
publique, à s'emparer de la matière que
j'ai traité fi foiblement, & à répandre

fur elle un jour tout entier. Pourquoi nos premiers Ecrivains, pourquoi nos Philofophes illuftres dédaigneroient-ils l'art fi grand, fi précieux, de former à l'Etat des Défenfeurs invincibles? Platon, le divin Platon s'en occupoit bien. Eh! quel plus beau, quel plus digne emploi du génie, de ce don célefte, que de le faire fervir à perpétuer la gloire, la puiffance & la profpérité de la Patrie!

F I N.